Vitae Animalis Morbus Et Medicina

You are holding a reproduction of an original work that is in the public domain in the United States of America, and possibly other countries. You may freely copy and distribute this work as no entity (individual or corporate) has a copyright on the body of the work. This book may contain prior copyright references, and library stamps (as most of these works were scanned from library copies). These have been scanned and retained as part of the historical artifact.

This book may have occasional imperfections such as missing or blurred pages, poor pictures, errant marks, etc. that were either part of the original artifact, or were introduced by the scanning process. We believe this work is culturally important, and despite the imperfections, have elected to bring it back into print as part of our continuing commitment to the preservation of printed works worldwide. We appreciate your understanding of the imperfections in the preservation process, and hope you enjoy this valuable book.

inficiat, & mentem Deo ac veritati dicatam mendaci fuco fafcinet.

His & aliis æquis rerum æftimatoribus (de iniquorum enim & male feriatorum judiciis dependere ineptum judico) facile excufabor, fi, dum coram mundo fub nomine & functione quadam confpici, vel latere, rationes non contemnendæ fuadent, potius eligam corporis contrectare mala immedicabilia, fi quæ funt, quam fruftrato omnino fucceffu rerum gerendarum curam in me fufcipere, fub quibus ipfa mens diris conftringitur vinculis, & aliis anxiè prodefle intenta tandem mercedis loco fauciæ confcientiæ vulnera luget, fi non una finiftros & graves corpori eventus conqueri neceffum habeat. Sola enim ferè ars Medica, una cum ancillante illi Philofophia naturali inter eruditorum ordines noftro ævo felici hoc gaudet fato, quod cuivis rei fufceptæ non ignaro ex animi fententia loqui & agere fine periculo integrum fit, ac in nullius magiftri verba jurando ea libertate frui, quæ hominem ingenuum decet, & quæ folerti veritatis indagatori, veræque fapientiæ difcipulo, apertam ad ulteriora & meliora viam relinquit. Ac licet nonnullibi ereptam fibi dictaturam quidam ægrè adhuc ferant, & inani gloria, & turpis lucri cupidine acti freno conftringere veritatis ftudiofos & boni publici cupidos non parum annitantur; auctoritate tamen pollentes hæc intentata fervitus nondum invenit tutores ac patronos, nec, fpero, in pofterum inveniet, cùm ex omnium re fit, bono potiri

Medico

LECTORI.

Medico, non emersuro ex præscriptarum hypothesium & formularum circulis, sed ex sagaci veritatis naturalis scrutinio, & vivæ, stultorum pariter ac sapientium magistræ, experientiæ manuductione, omnia sane præjudicia & auctoritatis vincula prorsus respuentibus.

Accedit ad hæc, quòd naturali quasi genio à teneris in id studii genus semper abreptus sim: Licet enim ex parentum consilio Theologiæ, ceu vocant, destinatus lectiones Academicas adiverim, ac isthic insatiabili cuncta sciendi cupidine, inani gloria subdente stimulos, flagrans omnibus promiscuè Professoribus auditorem me stiterim, nil tamen magis egi ex animi sententia, quam quod in Physices & Medicinæ latè patente campo videbatur profectus meos promovere posse.

Hinc, cùm postea, miserante conditionem meam Deo benigno, apertis oculis, & detracto inanis persuasionis supercilio, me ipsum, Deum & res creatas aspicere contingeret, post æternorum curam nil videbatur terendo in bonum publicum tempori aptius, quam genuinum naturæ vires investigandi studium, ubi, illucente Creatoris gratia, animus a præjudiciorum glaucomate purgatus, ac aliis inferioris conditionis subsidiis non penitus destitutus facile invenit, quod delectare pariter ac prodesse queat. Annis ergo jam fere 12. investigando & experiendo consumtis, adjutus utriusque Anatomiæ instrumentis, superficiariæ pariter, quæ armata manu & oculo corporum lambit superficiem, & vasorum continentium nexum

LECTORI.

xum & structuram miratur, ac intimioris, quæ mediante igne cortices rumpit, & sequestratis terreis & aquosis vinculis, dotes corporum naturalium congenitas in apricum producit, falcem in alienam messem non immissurum me spero, nec aliena a vocatione, quam dicunt, divina acturum, eligens & arripiens occasionem, ea liberiore cursu in bonum publicum erogandi, quæ hunc in finem concredita mihi judico.

Elegi ea de causa illicò tam latè patens, & uberrimo rerum detectarum fructu scatens argumentum, ut unà cum specimine qualicunque profectuum meorum, re ita exigente, edito, lectorum veritatis cupidorum commodo pro virili velificem, ac viam haud salebrosam ad naturæ adyta pandam: annixus, ad gustum & captum moderni sæculi animi sensa, & rerum experimenta non ubivis obvia, vera tamen, puto, & proficua explicare, fretus, nonnullos fore candidos & sinceros studiorum alumnos, quibus inde ansa dabitur, æqua mentis lance receptas hactenus hypotheses & methodos librandi, ac vera a falsis separandi. Quali enim modio exhaustum putemus hactenus immensæ naturæ Oceanum, ut, ex subnascente & aucta indies cognitione, & experientia, pristina vel corrigere, vel supplere in commodum publicum nullatenus integrum sit? Et quis æquus arbiter ex hodiernæ Philosophiæ Antistitibus invideat mihi eam sentiendi libertatem circa detegendos ævi nostri errores, quam sibi jam dudum vindicarunt, in explodendis futilibus Scholasticorum

rum abstractionibus pariter ac Aristotelis ignorantiæ, ceu dicunt, asylis, formarum nempe substantialium, & qualitatum occultarum figmentis? Præprimis cùm intentionis meæ sinceritas sua radiet luce, non novitatis pruritu, non ostentandæ eruditionis inani gloria quicquam acta (ridiculum enim puto, & facto ipso id dudum commonstravi, ex apparatu literario aliquam venari gloriam) sed coacta fere veritatis divinæ æquè ac naturalis pesfundandæ causam in se suscipiens, eundo obviam auctoritati & inventis quorundam indies in deterius valituris, ac cum Deo ipsam naturam horrendo tenebrarum abysso recondendam minitantibus; licet de mathematica, & demonstrativa reducta physices claritate magni ubivis resonent clamores antecedentium cohortem non tam consilio quam impetu sequentium, ac præmaturè sibi de securitate congratulantium.

Horum, ceu lectoris cujusvis veritatis inquirendæ avidi, ut animum suppeditato quodam prægustu dicendorum occupem, brevi hypotyposi in antecessum subjiciam oculis ea omnia, quæ concatenatis rationum momentis sequentibus pagellis persequar. Dispescui nimirum hanc de *morborum & medicinarum origine* disquisitionem in tria capita, quorum *primum* sistet vitæ ipsius naturam, sine qua, quantum in hac rerum caligine possibile est, non accuratè expensa, natura morbi & medicaminis nunquam in conspectum prodibit. In abstrusissimo hoc negotio, a nullis scriptoribus, quos legere contigit, tacto, evincam

nec

LECTORI.

nec obscure nec flexuose, vitam in se esse actum substantiæ incorruptibilis, independentis in suo esse a structura corporis mathematici, tam in se ipsa immediatè sensilis sine imaginatione partium objectarum, ac sibi per actum reflexum cogitationis intimè præsentis, quàm per objecta sensuum externorum affectibilis: hinc nullatenus in se & ex se morti, seu dissolutioni obnoxiæ, licet machina corporea, quam vivens versat, turbata & recedente à functionibus suis vita, in sua abeat principia, quam dissolutionem mortem vocare licebit. Hanc telam persequar per omnes rerum viventium classes, indicatis saltem hic & illic conjecturis meis probabilibus, ubi demonstrativa deficit claritas.

Secundum caput exhibebit objectum Medici singulare, animal humanum morbis & affectuum turbis apprimē obnoxium. Recensebuntur hic, ad cujusvis captum expositæ, genuinæ morborum origines, ac per anatomiam utramque tentata officinæ animalis interiora depromet simul claves, ad inveniendas cuivis morbo dicatas medicinas, non conjecturales & fortuitas omninò, sed evidente axiomate indicatas. *Tertium* caput, per remotionem, debilem undiquaque structuram introducti a Philosophis corpuscularibus, ceu *Boylæo Anglo* audiunt, Mechanismi naturæ minimo conatu subvertet, ostendendo, *modos* illos quos vocant, corporis essentiales, & quibus omnia naturæ phœnomena ad oculum demonstrari posse jactitant: *motum* nimirum, *mensuram, figuram, positu-*

LECTORI.

posituram & quietem, nullatenus ex natura corporis, seu ex corpore sibi relicto resultare; quin imo nullam qualitatum tactilium corporis, *gravitatem, levitatem, soliditatem, fluiditatem, duritiem, mollitiem*, & inde resultantes affectiones ex Mathesi inveniri & demonstrari posse. Ut proinde magno isto instrumentorum variorum mechanicorum apparatu oculos potius inanibus præstigiis demulceant, quam veram motus naturalis rationem enarrent, idem prorsùs agentes, quod velati icuncularum pictarum & fictarum agitatores puerulis adstantibus & vivam quasi imaginem admirantibus imponentes, dum mota instrumenta ostendunt, & agens ceu movens primum obvelatum recondunt. Quanquam nil detractum velim laudi eorum, quorum inventa commodi aliquid & utilitatis indigentiæ humanæ contulerunt, nec omnino etiam improbem, in re nullius momenti delectamenti causa curiosum esse; dummodo ex nullius pretii instituto, præcipiti nimis conatu & consequentias nectendi libidine, seriæ & sanctæ veritati non offundatur nebula, qua in re malitia nostri seculi, feracis impietatis pariter ac eruditionis prætensæ, non una vice caput extulit, & insulsum infrunitorum gregem, etiam è tonsoribus & lippis collectum, cornibus Philosophiæ adeò armavit, ut brevi Philosophastros non tam fieri, quam nasci multis in regionibus, dici posse, credibile sit.

Quod restat, Lectorem in judicia severa forte procliviorem ea, qua decet, observantia adhortamur,

LECTORI.

tamur, ut sedato animo & fixis mentis oculis omnia prius legat & intelligat, antequam judicet. Non enim proponentur Rhapsodiæ, vel male cohærentia spolia; sed non interrupto veritatis, ceu putamus, filo connexæ, & ex uno fonte promanantes animi pro viribus vero & bono publico studentis meditationes, non ubivis obviæ, & hinc accuratiore scrutinio perlustrandæ, oculisque hominis eruditi & erudiendi non adeò indignæ. Quod si obtinuero, non dubito, quin aliquos saltem inveniam bonæ causæ suffraganeos, aliquos etiam susceptæ suo salebroso itineri diffidentes, & ad ulteriorem veritatis inquisitionem animatos; plurimos denique, qui, id juris & libertatis mihi deberi, concedent, quod sibi ex eruditorum grege nullo non tempore arrogarunt alii, donando subinde novo aut recocto problemate mundum sciendi cupidum, ac earundem cupediarum diuturno temporis tractu oblatarum pertæsum. Videant ergo rursus, pace sua moventia & viventia fixa, qui diu satis a quovis vento ac aëre pressi in confusè agitatis volitarunt particulis, ac, si velint, pedem mecum ibi figant, ubi immobilis vitæ perennis scaturigo adeò demulcet & detinet sui cupidos, ut omne ulterius sciendi ac gustandi desiderium ultro facessat, præsentibus & concurrentibus in centri puncto omnibus totius perfectionis circuli è circumferentia rerum creatarum lineis, ut, unum in omnibus, & omnia in uno intueri, liceat semper genuino sapientiæ discipulo.

EMEN-

EMENDANDA.

Pag. 7. lin. 19. leg: diſtributa corpus, p. 15. l. 26: legislatorum p. 19. l. 6: omnibus p. 21. l. 26: admirari p. 27. l. 30: colligi, p. 36. l. 9: beſtiarum p. ead. l. 22: ſtuporem p. 43. l. 3: congenitarum p. 44. l. 7: quadruplo p. 47. l. 11. 12: compactas p. eâd. l. 14: magma p. 48. l. 30: reliquas p. 53. l. 27: inconſultâ p. 58. l. 24: ni forte p. 61. l. 28: è manibus p. 63. l. 12: magma p. 64. l. 13: conducit p. 67. l. 4: *abſceſſus*, verbi gratia, *pleureſis*, p. 80. l. 26: quoad vehiculo p. 92. l. 24: arriſura p. 93. l. 18: diſſolvat p. 97. l. 14: deliri p. 100. l. 20: figuræ p. 112. l. 14: *locomotivæ* p. 114. l. 29: univerſali p. 116. l. 19: ſubſtantiales p. 118. l. 14: evertens, p. 120. l. 1: cauſam p. 123. l. 7: ipſa ars p. 127. l. 21: apertam p. 128. l. 14: abeunte p. eâd. l. 30: hauſerit p. 130. l. 9: aperta p. 131. l. 10: calefaciens p. 132. l. 19: hos p. 135. l. 18: abolitor p. 136. l. 7: libero p. 137. l. 25: abſurditate p. eâd. l. 29: immediatè p. 138. l. 12: modos p. 139. l. 8: contradictionem p. 140. l. 9: rationis p. 141. l. 23: ut tandem

Si quæ ſunt alia, facilè B. L. ipſe ex contextu corriget.

CAPUT PRIMUM.
De Natura Vitæ in genere.

I.

Foris plerumque fat acuti fapimus, eorum interim, quæ domi fiunt, aut ignari, aut ob actuum & confuetudinis contractum habitum valdè incurii: mirum ergo non eft, fi, dum vivimus, ac fingulis momentis actus vitales elicimus, vitæ ipfius natura & indoles confpectum noftrum fubterfugiat, ac nil magis agentem fatiget, quam actu in fe reflexo fe agentem intueri, aut, divino plane inftituto, fe ipfum cognofcere. Difficile tamen non eft, aliqua vitæ Phænomena vivacis ingenii radiis luftrare, ex iisque penitius introfpectis confequentiâ demonftrativâ ipfius fubjecti viventis ftatum mentis oculis fubjicere.

2. Afficimur nimirum vario per objecta fenfibilia fenfu, afficimur ex fenfu variis defiderii & odii affectibus, productis fanè & phænomenis, quibus eliciendis, aut in fefe recipiendis, etiam fatente modernorum Philofophorum choro, extenfio corporum mathematica prorfus inepta eft; ni forte velis abfurdorum myriadibus te involvere, ac dicere, quamvis corporis particulam & atomum fenfus & inde propullulantium affectuum effe tam fubjectum, quam objectum, ac eodem momento agere & pati aptum natum, ultraque effentiæ fuæ terminos, minutiffimæ nimirum extenfionis fuæ oblivifcendo, effectus fiftere, in quibus dimetiendis

dis omnibus totius orbis Mathematicis omnis in æternum luderetur opera: Quadraturam nimirum circuli, longitudinis dimensionem, & perpetui mobilis nexum pro puerili & leviculo declaraturis, præ unius viventis affectu instrumentis suis & numeris declarando.

3. Invicta hujus asserti veritas ulterius vibrante satis contranitentium oculos constringet & præstringet radio, si, experientia prævia, consideremus, nullum per sensus externos, & per imaginationem partium objecti externi, posse in anima vivente oriri affectum, nisi anima actu cogitandi & judicandi in se reflexo, se sensisse sentiat, ac sensu communi imagines objectas distinguat, in quo sanè sentiendi ac judicandi actu anima sibi ipsi sine ulla imaginatione partium extensarum præsens est, ac consequenter immediatè tam sentiens quam sensibilis: actiones nimirum eliciens sine imaginatione partium, easdemque in se ipsa figens & determinans, nulla objecti imaginationem subeunte dimensione. Sentiente ergo anima se ipsam immediatè, sine imaginatione partium in objecto sensibili, consectarium est, animam in se omnis dimensionis mathematicæ pariter, ac combinationis figuralis physicæ ex hypothesi modernorum, esse expertem, ac per consequens ratione sui incorruptibilem, æternam duratione, ac non tam mobilem quàm moventem.

4. Incorruptibilitatis equidem animæ viventis allegata ratio ultrò in conspectum prodit: Quicquid enim actione immediatè & sine partibus concep-

ceptis sensili se ipsum sine medio & imaginatione partium rursus invenit, vel sibi præsens est, id necessario tale est quale sentitur, si qua in rebus est sensuum certitudo, quæ uno ore tantoperè extollitur; nam erroris causa semper est in medio, per quod sensatio dirigitur; si objectum esset causa erroris, nunquàm non falso sentiretur, sin subjectum, nunquam non falsò sentiret, pereunte ita omni in rebus concipiendis certitudine. Certò ergo & apodicticè concludendi incumbit necessitas, omne vivens immediatè sibi ipse sensibile, qua tale, esse indivisibile & incorruptibile; sed qui sit, respectu corporis & extensionis mathematicæ, intactum & immobile, & tamen causa motus illius machinæ quam versat, à priore penetrare non adeò concessum est, cùm rerum, præprimis spiritualium, essentiam nunquam conceptibus nostris exhauriamus; intereà à posteriore & convincente quemvis experientia adeò clarum & perspicuum est, quòd sit, ut, ceu ex sequentibus patebit, solem ipsum negare lucidum, non tam perfrictæ frontis sit, quàm negare nexum & motus propagationem è re in se indivisibili ad mobile extensum & divisibile.

5. Condonent ergo hîc aliquid ignoranti, & ingenuè deficientis ingenii acumen exponenti, illi, qui illicò ea impossibilia proclamant, ubi nexus causarum effectus sat evidentis in propatulo non est; ac permittant, ut extorta ab ipsis ignorantiæ confessio in re prorsus levicula, & sensibus externis obvia nobis rursus viam sternat spiritum

A 2 cum

cum corpore nectendi, ac hunc nexum, ubi forte rimas rursus agere, & hiatu fatiscere deprehenditur, ipsis *Cartesii* particulis, in spiritum planè reductis, resarciendi. Quærimus nimirum, *quonam pacto cohæreant sibi, ceu compingantur corpora?* quæ quæstio illis, qui omnium corporum particulas in promptu habênt, & pro lubitu disponunt, non figet crucem: verbi gratia, dicent, auri corporis solidi & tenacis admodum particulas sibi cohærere, vel impulsu alius corporis, prementis nimirum aëris, vel figura propriarum particularum hamosarum, & ramosarum, sibi invicem implicatarum, seseque intricato nexu amplectentium; sed, non cohærere premente aëre, in propatulo est, quia per antliam, vel ignis rarefactionem attenuato circa tale corpus aëris (si quod est, quod non esse postea evincemus) onere, corpus nihilominus sibi cohæret, & soliditatem retinet. Cohærebit ergo tantum particularum hamatarum structura; sed quærimus ulterius, quî hami & rami, ut officium suum præstent, necessario solidi & tenaces in se ipsis, combinentur vel hami fiant? Novis dicent necessariò hamis & ramis, & horum hamorum structuræ præsupponent alios, procedendo ita in infinitum, aut subsistendo demum in *Epicuri* & *Lucretii* atomis, seu corporibus indivisibilibus, & insecabilibus; ubi autem omnis cohærentiæ ratio exspirat: insecabile enim caret dimensione, & cohærentia corporum ex hypothesi non est nisi per superficiem dimensionis particularum. Vident ergo
acu-

tis paſſibus qualitatum tactilium naturam adhuc ſuperat, ceu poſtea videbimus. Nunc ſaltem oculis ſubjiciemus rerum vitalium diverſas motus ſpecies, &, experientiâ prævia, ſat, ut opinor, validis rationum munimentis evincemus, vitam ſentientem &, pro activitatis ſuæ ſphæra, ſenſu communi & intellectu præditam, ubivis primi & intermedii motus eſſe principium, medium itidem directivum, & ultimum terminum, qua movente corpus movetur, & qua ceſſante à motu, quieſcit. Ordiemur à noſtra corporis machina, ejuſque motuum differentias deſultoriè tantùm attingemus, quia in capite ſecundo uberior harum expendendarum dabitur occaſio. Facultas locomotiva noſtri corporis animati prorſùs ad oculum cujusvis apparet eſſe libera: movemur enim ex animæ variis ſenſibus variè affectæ nutu, & ſenſatio, affectio viventis animæ immediata, per totum diſtributa, corpus, evincit animam viventem machinæ ubivis intimè eſſe præſentem, ac ſuo muneri intentam illicò vel obſtacula irritato affectu cognoſcere, vel commoda ſuavi deſiderio & guſtu amplecti, ex quibus affectibus prorſùs ſpiritualibus omnis doloris & titillationis ſenſus, & hinc morboſa vel ſana vitæ conſtitutio unicè dependet. Cadaver quippè anima inhabitante orbum nec ægrotat nec ſanum eſt, quia in illo ſenſatio nulla recipitur; ex ſenſatione verò externa & interna motus localis directio, qui proinde rei à corpore prorſùs independenti debet originem, & ſpiritualis eſt proſapiæ.

piæ. Cur verò anima in aliis partibus corporis magis afficiatur senfu, in aliis minus, capite fequente ad oculum patebit, ad quod lectorem fufpenfum ablegamus; hic faltem indicantes per tranfennam præpofteram Anatomicorum tam veterum, quàm recentiorum, de mufculis localis motus directoribus, opinionem, omnes, & hæ leges motus mathematici evertentem, quibus movens & mobile eodem centro figi prohibentur: fixis hinc undiquaque in corpore movendo mufculis, per placita *Archimedis*, & omnium æquilibrii peritorum, motio corporalis malè adfcribitur, nequidem, ut inftrumenta, ad tale munus deftinatis, cùm diligenti fcrutatori ultrò pateat, ad fiftendum potiùs motus concitatioris impetum, mufculos fuis tendinibus offibus, & aliis partibus folidioribus effe infertos, refiftentibus, verbi gratia, in parte convexa inflexæ juncturæ mufculis, ne nimiùm inflectendo articuli luxatio oriatur, & ligamenta rumpantur, ficque in parte flexuræ concava, objecta extenfi fui mole, contracta quodammodo & pro motus menfura retrocedente, eandem officii partem implentibus, de cœtero ad caloris confervationem, & fovendas partes fubjectas nobiliores, concinnitatemque figuræ corporis, à provida fibi vita factis & deftinatis. Quam fententiam ftabiliunt mufculi & iis partibus corporis annexi, quæ nunquam, nifi à movente extrinfeco violento, moventur, ceu fit in auriculis, fat validis mufculis offi petrofo alligatis, nec tamen à mufculis illis unquam mo-

MORBUS ET MEDICINA.

acuti nimis corpusculorum distributores, aufuge-
re tandem è conspectu eorum particulas, & vel
in nihilum vel spiritum abire, ac demonstrandi
viam, qua procedunt, initio & fine prorsus carere. Fateantur proinde, se nescire modum cohærentiæ corporum, aut, ad ignorantiæ asylum
cum *Aristotele* nimis male habito confugientes,
dicant cohærere vel qualitate occulta, vel forma
substantiali, vel si malint, nobis cum dicant, consistere & cohærere corpora actu vitali & immobi-
li cujusdam spiritus a particulis independentis, ac
particulas intra sphæram activitatis suæ continentis ac coarctantis, quo non supposito nulla affectio corporis, ceu *capite tertio* patebit, ad legum
motus mathematici amussim quadrabit: cùm totus Mechanismi artificium nil aliud sit, quam or-
dinato æquilibrio jungere agentia naturalia, sphæra activitatis suæ sibi invicem subordinata, parentibus inferioribus agenti primo fortiori, cui per
istrumenta sua junguntur, nesciente interim artifice primi moventis rationem; quippe nec gravitas, nec durities, nec motus voluntarius, nec
ulla alia affectio corporis in Mathematici manibus
est, quam ne quidem mentis operatio, ceu patet ex dato resolutionis exemplo, è natura corporis mathematici deducere compos est. Ac si hac
resolvendi hypotheses Corpuscularium methodo
reliqua acuti *Cartesii* figmenta, & præsupposita
credenda de tribus illis universi elementis diver-
sum particularum figura & magnitudine distin-
ctis, sub examen revocentur, illicò apparebit

A 3   pre-

precario & dicis gratia omnia reliqua inde deduci phænomena; quicquid enim sub certa figura & dimensione concipitur, primum non est principium, sed ex aliis corpusculis componentibus jam dum, liceat ita loqui, elementatum; & cohærentiæ istarum particularum ratio, qua certis determinantur figuris, rursus in infinitas absurditates prolabetur, postulata à quærente rationis datæ ratione: ita ut, quocunque se vertant, bruti & mathematici motus fautores, tandem in principio motus spirituali, & omnis dimensio experte illis subsistendum sit, ac per consequens fatendum, omnem ex corporum superficie rerum creatarum phænomena naturalia explicare conatum, adeò insulsum esse, ac si quis ex lima & malleo artificis, neglecto ipso artifice, operis affabrè facti structuram metiri, hisque instrumentis inventi laudem vindicare præsumeret.

6. Nescientes hinc ipsius corporis naturam & consistentiam sine præsuppositio substantiæ immaterialis concursu explicare, vitio nobis non vertant, si statuamus, quodlibet extensorum fixas in mundo spirituali & incorruptibili essentiæ habere radices, seu indissolubili nexu cohærere cum spiritu quodam modificante, omnium diversarum qualitatum corporis auctore, imò ipsius corporis compactore, externam verò materiam, matheseos objectum, adeò inertem & superficiariam supponamus, ut vix umbræ essentialium rerum nomen mereatur, & hinc nequaquam ex se apta sit motus esse principium, cujus ratio mul-

automaticum, cùm extra hujus intentionis concitantis, vel remittentis impetum, respiratio ordinario procedat tramite, nec ulla amplius animæ voluntariè agentis eliciatur ad respirandum intentio; sed norint, in omnibus actionibus, quantumvis voluntariis, crebrò repetitis subnasci tandem agendi habitum, & facessere primam agentis liberè intentionem determinativam: sic sutor conficit calceum intentione libera, nec tamen inter conficiendum quovis momento novum intentionis actum elicit: sic in hortum vel alibi destinato consilio abiturus non singulis passibus renovat intentionem, sed fortè aliis abripitur cogitatis, nec minus tamen liberè procedit: idem prorsùs contingit animæ in officina sua ordinariò occupatæ: videntur ibi actionis per crebram repetitionem factæ quasi automaticæ, quæ revera intentioni liberæ originem debent, ceu est respiratio, distributio alimentorum assumtorum, quâ partes tam continentes, quàm contentæ à centro ad circumferentiam augentur & crescunt, famis & sitis vellicatio, à functionibus quibusdam, qua somnus inducitur, cessatio, excrementorum sequestratio, nullo excitante à somno facta excitatio, & id genus plura, quæ non nisi à sapiente, & cum intentione agente arbitro dependere possunt. Ut taceam ipsius machinæ corporalis admirandam fabricam, & instrumentorum cohærentium nexum, cui operi jam in utero matris, à sensuum externorum objectis minus turbata, vacavit anima, omnia pro

in-

indito sibi sapientiæ sensu disponens, aliquando etiam ab ordinis recepti tramite recedens, & Anatomicorum industriam in determinandis structuræ legibus notabili discrimine eludens, quandoque itidem ab animæ maternæ, cui adhuc subordinatur, inordinatis phantasiæ & appetitus insultibus, ab officio destinato quasi retracta, & in errorem conjecta, unde monstrosæ & mutilæ configurationis origo. Hæc ab experientia suppeditata phænomena si quis cum motu automatico conciliare annitatur, automa mente vacuum merito credendus est: Automa enim aliud automa nunquam produxit, nec à nudè cogitante operatione mentis unquam fractum est & mutilatum. Neque Deus, quem aliqui structuræ hujus fabrum immediatum substituunt, per impressiones spirituales imaginantis matris in officio turbabitur, ut & natura, nescio quid spectri hic designans: sive enim hoc nomine machinæ universalis motum, quem volunt, mathematicum intelligas, sive animam quandam universalem totum globum cum incolis suis versantem, utriusque constans, & ab agentibus inferioris sortis non turbata actio permaneat, necessum est, nî velis brevi omnia in chaos, quod volunt, primævum relapsura videre, & novæ ex confusis particulis emersuræ machinæ initia avidis confirmandæ hypotheseos *Carthesii* oculis lustrare.

8. In brutorum familia eadem prorsus in conspectum prodibunt: licet enim homo ad imaginem Dei, & ad cognoscendum & degustandum

Deum

motis, nifi fortè ad capiendam veram motus rationem aures adhuc erigere velint mufculorum moventium Antiftites. Nec juvat confirmandæ huic opinioni erroneæ aliam fubftruere, de fpiritibus nimirum animalibus, animæ in glandula pineali vel in cerebro refidentis juffa exfequentibus, & mufculos inflantibus, conceptasque fenfuum ideas gradu celerrimo ad animam cogitantem, & dijudicantem reportantibus, & nefcio quid non curforis & internuncii muneris exfequentibus; precariò enim afferuntur hæc omnia, fi non rediculè: Anima quippè omnibus corporis partibus ut adfit æquè apta & inepta eft, at ubi fentit, ibi immediatè tam corpori, quàm fibi præfens eft; materia verò corporea, ex qua fpiritus animales, ipfis affertoribus fatentibus, conftant, licet fit fubtilis, in fe non eft, nec effe poteft, fenfilis, & hinc nec idearum dolorificarum fubjectum recipiens, multo minus tam celer, ceu fenfatio cum cogitatione coincidit, ab extremo pedis digito, ad cerebrum cum concepta idea decurfor, & internuncius: per nervos enim illi reptandum fat tenues ac nullius ferè concavæ capacitatis, adhæc non raro circa comprimentia articulorum ligamenta tartaro podagrico obftructos, quem perreptando, fortè nova concepta doloris idea, primam exueret, & fic omnis luderetur animæ præfidis intentio. Quòd verò ex mufculis per fpiritus animales inflatis & ita contractis nullatenus dependeat motus localis partium, ad oculum oftendit linguæ tot mufculis undiquaque firmatæ spontanea ex faucibus exsertio, quâ omnes linguæ musculi in longum extenduntur, & utrinque tendinibus suis motui renituntur, evidentissimo indicio, potiùs ad moderandum, quàm promovendum motum musculos esse destinatos.

7. Fatemur interim, esse insuper in officina animali quandam motus speciem, quæ non immediatè animæ sentienti, sed vitæ, ut ita loquar, intermediæ, igne nempe flammanti, quo ceu instrumento culinari vivens principale utitur, debet originem, quam flammam agitantem actu inesse corpori capite secundo evincemus. Eam verò, & ab illa dependentem sanguinis circulum, caloremque qui actu sentitur, omninò esse sub libera agentis principalis dispositione, evincit actus liberrimus inspirationis, & expirationis aëris ad hunc fovendum ignem necessarii, quæ aëris flabellantis reciprocatio, pro intentione viventis arbitraria, modò concitari, modò remitti, imò prorsus sisti potest, subsequente suffocatione culinaris istius ignis, & morte præsentanea. Quo animæ obstinatæ & desperantis molimine mancipia Indiarum occidentalium, sortis suæ iniquæ pertæsa, sese pro lubitu sæpissimè occidere, ex relatione constat, & simul experturo cuivis asserti veritas pretio tali redimenda conceditur. Dicent fortè musculorum moventium patroni, actum respirationis posse quidem determinari pro viventis spiritualis, ceu animæ in cerebro residentis lubitu, ablegando ad id muneris spirituum animalium turmas; in se tamen de cœtero esse

auto-

Deum conditus, ceu sequente patebit capite, vitæ adhuc sublimioris & amplioris instructus sit fundo, quem spiritum ab anima distinctum, scripturà ac ratione prævia, esse evincemus, interim tamen brutis concessa sensuum & inde propullulantis sagacitatis ac miræ solertiæ adminicula, ex supra assertis demonstrant, pollere ea vita in se spirituali ac ex se incorruptibili. Quam veritatis inconcussæ sentiens evidentiam ipse *Cartesius*, ac conceptum de anima hominis, cogitatione nuda essentiæ incorruptibilis limites absolvente, à brutis removere annitens, eò processit audaciæ, ut contra sensum & experientiam tactus sensum illis adimeret, videlicet convictus, tactus sensum, & hinc propagatos vitæ sentientis affectus, non præsupposita cogitatione, & actione animæ in se ipsam reflexa, nullatenus consistere posse; sed non attendit acutus in tangendo Philosophus, adempto brutis tactu, restare adhuc sensus alios; auditum nimirum, visum gustum & olfactum, quibus multa bruta hominem cogitantem antecellunt, & quorum sensatio æquè impossibilis deprehendetur, sublata vita cogitante, & impressiones istas sensuum externorum sensu communi & judicio discernente, ad fugienda ea, quæ noxia deprehenduntur, & amplectenda, quæ conducunt; quibus tamen animæ ratiocinantis, & sibi caventis functionibus bruta nonnulla ipsis corruptis hominibus ad oculum adhuc palmam præripiunt, quia destituuntur mentis spiritu, ceu vitæ fundo ferè infinito, à solo Deo satiabili, qui

per

per lapsum à Deo aversus, & pabulo suis desideriis respondente orbatus, jam per vitæ inferioris sensus animam humanam, cum qua jungitur nexu indissolubili, exagitat, & nunquam satur omnes rationis sanæ leges eandem transgredi quasi cogit: hinc ea dirarum passionum turba, hinc affectuum concitatorum, & in ipsius corporis machinæ detrimentum tendentium insultus inconditi, variorumque morborum semina, hinc denique omnis infrà sortem bestiarum aliquando longe descendens humanæ conditionis miseria, verificato sensu illius triti: *Corruptio optimi cujusvis pessima.*

9. Hanc de vitæ incorruptibilis brutis concessæ phænomenis sententiam ratio à priore deducens argumentorum nexum non impugnare compos est; quòd verò impugnet, & impugnare annitatur, suadent quædam præjudicia, metus nimirum consequentiarum vel receptis Philosophiæ superficiariæ principiis, vel Theologorum sibi orthodoxorum, & præscriptis credendorum formulis in gregem subjectum dominantium, placitis & auctoritati adversarum: quorum respectu sibi ipsi oculos eruere quidam non verentur, &, suppressis animi sensis genuinis, dicta & scripta ad genium aliorum detorquere consultum judicant. Quærent nimirum attoniti & anxii, quorsum locandæ veniant tot animantium brutorum defunctorum animarum incorruptibilium turmæ, in statu separationis, & quid illis in futurum expectandum; sed solliciti prius de propriæ vitæ

sta-

MORBUS ET MEDICINA. 15

ſtatu ac loco, ac operum divinorum non iniqui æſtimatores, Optimo ac Sapientiſſimo Conditori relinquant, quid circa tales animas in ſe incorruptibiles deſtinaverit; potenti ſatis, easdem vel in ea principia reducere, ex quibus per actum creationis prodierunt, vel in ſtatum vindicare meliorem, eo tempore, quo omnis creatura, jam coacta ſub jugum vanitatis & maledictionis, ac ſcriptura aſſerente erecto collo anhelans reſtitutionem hominis perverſi, à maledictione, & hominis creatorem lædentis tyrannico imperio liberata triumphàbit, ac unanimi ore laudes creatoris enarrabit. Nec puto, Theologis juſtæ offenſæ anſam me præbuiſſe, qui, Deum ipſum ſubinde in Sacro Codice aſſumpta animantium brutorum indolis ſimilitudine in conſpectum prodiiſſe, quin imò ipſas animantium diverſi generis imagines Divo Johanni, in ſtatu beato conditoris laudes enarrantes, per revelationem oſtenſas fuiſſe, non ignorant: quibus ſanè ſimilitudinibus non exterior animantium ſtructura, ſed interioris & ſpiritualis vitæ indoles Deo & divinis appropriatur, inſulſo autem inſtituto comparationis, ſi, bruta automatico motu vivere, credendum

Ut taceam leges & ſtatuta tam ſacri codicis, tam profanorum legiſſatorum, quibus brutis de juſtitia & injuria cavetur, quæ omnia evincunt, bruta in conſpectu Dei adeò bruta non eſſe, ceu noſtri cerebelli contendit occœcata ſentiendi libido; ac vereor, ne aliquando plus rationis reddendæ, de commiſſa in bruta injuria, nobis incumbat,

bat, quàm jam credit abutentium & pessimè tractantium feritas.

10. Suspicantes verò, hæc fortè placitis *Platonicorum* & *Pythagoreorum*, transmigrationem animarum de corpore in corpus somniantium, frigidam suffundere, ac propriæ animæ causam in designanda brutorum solerti sagacitate agere velle, norint me omninò ab hac sententia alienum, licet hodiernos ejus fautores, numero sanè quam plurimos, tam atro carbone non notaverim, quàm insulsi Mechanismi fabricatores, vel delirantis prorsùs *Spinosæ* asseclas, ipsam causan primam, Deum sapientem ac omni ex parte beatum, subjectum immediatum omnium enarratarum miseriarum & turbarum substituentis, quod omnia extensa modificando animet; quo modificante nihil sanè magis miserandum, confusum & infirmum concipi posset, cùm omnium enarratorum affectuum, & dolorum sensationes per impossibile extenso ceu corpori mathematicè competant, & hinc innumeris undiquaque assultibus ipsum Deum feriant. Ut taceam, quod phrenetica hæc philosophantium turba, hujus hypotheseos illicò oblita, contradictorio conatu affirmet, Deum non destinato bonitatis & sapientiæ consilio, sed actum & coactum naturæ suæ brutis legibus agere, cùm ipsi interea, ex hypothesi modi & partes umbratiles ipsius Dei, ceu naturæ, Sapientiâ & destinato consilio agere annitantur, ac studium Sapientiæ aliis commendent, etiam concessa fraude & vi ad intentum idem viam

viam latam aperientes; quam vefaniam homine prorfùs indignam, ac vix bruti intellectus inventum genuinum, hîc in tranfitu notaffe fuffecerit, verberibus meritò non verbis caftigandam, fi qua caftigatio in tam abjecti fenfus ergaftulis locum habet. Ad cœptum ergò redeuntes, dicimus, animas quarumvis rerum viventium ab initio à Deo ter optimo creatarum, per generationem, ceu conceffam à creatore vim multiplicativam, primævæ creationis æmulam, ultra tamen propriæ fpeciei imaginem non tranfilientem, propagari, nec in principio omnes fimul creatas effe, nec de novo creari. Modum hujus generationis, ut & primævæ creationis explicare humano ingenio non datum, nec conceptus, quos mihi fingo vel fentio, aliis intelligentibus fiftere adeò integrum eft, cùm dentur quædam fenfuum internorum certitudines, quæ imaginationi adæquatis defcriptionibus repræfentari nequeunt, ac nihilominus fua luce radiant: Sic, dum fentis te fentire, certus es de reflexo in fe animæ actu fpirituali, cujus tamen ideam imaginatio non percipit, & fic in aliis objectorum merè fpiritualium, fenfus internos immediatè afficientium, impreffionibus. Rationes tamen afferti reddam aliquas iis, quibus adhuc aliquis Religionis refpectus eft, non contemnendas, nec rationi fanæ facilè difplodendas. Apparet nimirum, tam in brutorum quàm hominum generatione characterem, tam fpiritualem indolis perverfæ vel bonæ, quàm mechanicum corporis, à parentibus plerumque tranfire in natos, cui,

B   re-

respectu hominis, si anima & Spiritus, ab initio vel de novo creatus, subjiceretur, vitiosæ dispositionis adhuc vacuus, immeritas profectò pœnas lueret, cùm è contrario peccata parentum in liberis, quos ex se genitos procul dubio spiritualiter infecerunt, à Deo justo punienda sacer codex pronuntiet. Deinde ipsa viventibus à Deo concessa benedictio, de augendo & multiplicando suo, in sua specie, semine, ad implendam terram habitatoribus, dicis gratia à Mose toties repetita deprehenderetur: semen enim non est nisi spiritualis prosapiæ, annexum quidem communiter cortici corporeæ, sed cujus respectu multiplicari vix dici potest; exterior quippè omnium rerum creatarum cortex, seu materia extensa, neque augetur neque imminuitur, sed alteratur tantùm & determinatur per varias vitæ & mortis revolutiones à vita, ceu spiritu inhabitante; multiplicato igitur non per generationem ipso spiritu, nil omninò multiplicabitur, & omnia tantùm per varias materiæ externæ modificationes revolventur, nec semini suscitando ullibi erit locus, cùm ex materia, quam vulgus semen dicit, corpus generandum non procedat, sed aliunde à provido suæ œconomiæ spiritu colligatur, si paucissimum illud exceperis, quod semen ita putatum ab initio suppeditat, materiæ aliquatenus dispositæ, ex quo prima sui domicilii rudimenta & fundamenta locat spiritus, seminis potius nomine salutandus, quàm pauca illa inertis materiæ portio, non omninò ad efformandum corpus necessaria, nec etiam semper vitæ alicujus

con-

consortio animata, & ad germinandum apta: quod posterius ex experientia sat evidenter constat; prius autem ex generationis, quam vocant, æquivocæ, & sine cortice corporalis seminis peractæ, successu cuivis rerum naturalium gnaro patet. Quod enim modernorum nonnulli omnicus talibus productis semen quoddam corporale, ceu ovulum, præsupponere annitantur, frivolum est & experientiæ contrarium, cùm aliquando integra materiæ substratæ massa in animalcula abeat: Sic totum mel, cui tempore æstivo micæ panis tritici commiscentur, in formicas abit; sic caro vitulina in frusta divisa, & mori, quæ fructum albicantem dat, foliis virentibus & recentibus commista, calore solis adminiculante in bombyces abit, trito Italis in defectu ovulorum hujus insecti artificio. Sic ex scobe corticum quercus, quibus tinctores utuntur, per incuriam servorum minctu subinde aspersa tanta publicum multitudo processit, ut incolæ domus & circum habitantes vicini angerentur consilio deserendarum ædium, cujus facti testis oculatus sum. Sic *Helmontius* senior à se ipso experimento institutam enarrat murium productionem, ex commisto cum sanguine menstruo mulieris tritico; & alia id generis plura, tam apud hunc fide dignum, quàm alios auctores, qui Magiæ naturalis, quam vocant, congesserunt exempla, benè multos, ubivis obvia. Quis sine perfricta fronte in talibus subjectis tot congesta prius ovula, quot procedunt insecta, imaginatione saltem assequi valet? Cùm, è contrario, si lo-

B 2 co

co seminis corporalis seminificans quoddam vivum, & spiritualiter activum, ex defunctis insectorum myriadibus residuum tibi finxeris, tota generationis æquivocæ ratio pateat: nimirum, materiâ quadam aptâ substratâ, & solis radiis instrumentalem ignem officinæ animalis accendere paratis, semen spirituale sibi rursùs fabricat domicilium, ac id sua præsentia animat; nec enim sol, nec natura, nec fermentatio soli debens originem vitæ specificantis origo concipi potest, cujus actiones omnem dimensionem mathematicam eludunt; ceu ex datis supra rationibus abundanter evictum est. Ut taceam, quòd hac hypothesi exempla magiæ diabolicæ, ut & divinæ & naturalis, tam in sacro codice, quàm aliis fide dignis Historicis circa productionem insectorum pariter ac quadrupedum, allegata (quorum fidem equidem non infringet quorundam impudentium nasutulorum non tam liberè quàm lubricè sentiendi cacoëthes) abstrusæ possibilitatis velo liberentur: Magis nimirum nil aliud agentibus, quàm ut agenti vivo jam dum existenti objectum passivum conveniens, edocti id vel à Deo, vel à diabolo, vel sagaci experientiâ suffulto ingenio proprio, substernant: nec enim in diaboli, nec ullius creaturæ potestate situm esse credo, quicquam vivi, ultra speciei propriæ limites, generando producere, penes solum Deum residente multiplicandæ vitæ indeterminata potestate, qua omnium viventium per creationem pater est, quam quidem potestatem, nova creando, liberè adhuc exercere potest, ceu subinde

inde exercuiffe in miraculis perpetrandis conftat iis, qui Numinis fapientis tanguntur reverentia; ad quam tamen non præpropero gradu confugiendum judico, quamdiu caufarum intermediarum, & vitæ determinatè agentis adhuc apparent veftigia; redundante nihilominus, ob Creatoris omnibus præfentis providentiam & directionem vel generalem vel fpecialem, totius effectus gloria in primi moventis laudem & admirationem, penes illos ad minimum, qui non cœco impetu pravæ voluntatis, fed folicito de veritate invenienda animo rerum caufas rimantur. Quicunque proinde innumeram animantium terræ diverfitatem, eorundem indolem & folertiam, ftructuram corporis mirificè digeftam, & alimenti affumti à centro ad circumferentiam mirabilem diftributionem contemplamini; quicunque incolarum immenfi Oceani ftupenda opera, tot teftaceorum, & conchyliorum affabrè facta, & omnem humanæ mentis induftriam longè excedentia miramini domicilia, horumque & carnoforum contentorum ad eundem modum, à centro nimirum ad circumferentiam, factam vitalem accretionem; nolite infulfi Mechanifmi fomniare deliria; nolite, nefcio cujus naturæ, verbis non expenfis deprædicare & adminirari lufus; nolite denique fapientem & optimum Deum, quem fapientem & perfectum effe, ipfa hominibus conceffa fapientia evincit, immediatum tot & tam diverfarum vitalium paffionum & affectuum fupponere fubjectum, motorem primum & ultimum, fed potius locum relin-

quite

quite Architectis intermediis, ceu innumeris spiritualis vitæ propaginibus, pro diversa destinantis Creatoris intentione, diversa indole, diversa potestate, & activitatis sphærâ dotatis, ac hactenùs in se sufficientibus demandata sibi subire munera. Ita sanè Creatori nullius indigo, & sibi sufficienti in omnibus, omnisque vitalis potestatis arbitro liberrimo, conservabitis honorem debitum, ac in inquirendis rerum naturalium causis omnia invenietis, si non omninò & undiquaque pervia, saltem non tot contradictionum & figmentorum tricis involuta.

11. Vegetabilium regnum viventis spiritualis arbitrio ut æquè subjiciamus ac animalium, suadent rationes non superficiariæ; licet enim vegetabilibus uno loco fixis, & de suo alimento per locorum intervalla quærendo non solicitis, sensuum externorum adminicula à Creatore non concessa sint, vigere tamen in illis sensuum internorum & judicii mathematici exquisitam indolem, figuræ, motûs eorum vitalis, accretionis nimirum & seminificationis directricem, perpensa regni eorum phænomena non possunt non suggerere. Semen nimirum eorum vitale, vel sub cortice seminali, vel sine tali, terrâ exceptum, à centro ad circumferentiam motus leges orditur, automatico motui planè contrarias: sive enim dicas, aëris incumbentis oneri, vel terræ exhalantis propulsui, suppositis certæ configurationis plantæ poris, accretionem & collectionem tam diversorum succorum, fibrarum & donorum specificorum deberi,

sem-

semper in eodem errorum luto hærebis, & mechanifmi leges evertes. Nam fi aër tanto onere premit, unde plantæ in affurgendo tam pertinax contra prementis impetum nifus? Si exhalatio excitata ab igne centrali plantam à centro in circumferentiam attollit, unde radicum contra hunc motum explicatarum propagines? quæ eodem modo, ceu pars aëri expofita, à centro vitali ad circumferentiam diftribuuntur, & pro menfura trunci ac ramorum, contra vim venti figendorum, à fapiente vita dilatantur, & profundiùs terræ implicantur. Si forté dixeris, ex appofitis terræ particulis quafi compingi radices, ceu etiam quicquid fibrarum vel vaforum continentium nomine in confpectum venit; unde quæfo conftans cujuslibet fpeciei figura, odor, fapor, & color? fed & hoc falfum effe, & nil partium folidarum plantam ex craffis terræ particulis fœnerari, evincit infuper experientia: confita enim arbor in vas, terra prius ponderata repletum, & in ingens aucta pondus, exemptaque cùm radicibus, terrâ rurfus libratâ, deprehendetur nil omninò de terra in fui incrementum furripuiffe, fed potiùs aquam pluvialem, & partes atmofphæræ circumjacentis haufiffe, ope caloris folaris transformaffe, & pro vitæ fuæ indole fpecificis donis condecoraffe: explicent jam nobis corpuscularis farraginis affertores, qua lege motus automatici fluida & invifibilia rurfùs contrahantur in folida & fenfibus obvia, & neceffum erit illis, circa quamlibet plantam fingularem, undiquaque prementem fupponere aë-

ris

ris atmosphæram peculiarem, nam omnes uno onere constringi impossibile est, cùm quodlibet suum situm & figuram statam conservet, nec fibræ & pori plantæ ante prementem impetum fuerint, sed demùm ex hypothesi premendo compingantur. Quocunque sanè particulas suas vertant & invertant, innumeris prementur absurditatibus, & omne quantumvis prementium particularum onus levi vento rursùs elevabitur, unà sublevatis totius Philosophiæ corpuscularis fundamentis. Ut taceam non obscura in multis plantis vitæ extrinsecùs sentientis indicia, affectuum sympathiæ & antipathiæ à Botanicis solertibus notata phænomena, admirandam insuper & ingenio prorsus mathematico digestam quorundam, si non omnium, florum & herbarum structuram, semper sibi in sua specie correspondentem. Quæ omnia conjunctim expensa evincunt, vivere vegetabilia vitâ in se ab animata materia mathematica abstracta & separabili, ex principio intrinseco incorruptibili, pro activitatis concreatæ sphærâ sentiente & intelligente, se ipsam propagandi ceu seminificandi, ad morem omnium viventium, potestate prædita, ut ita seminis spiritualis beneficio in usum hominis & reliquorum animantium perpetuetur & augeatur regni vegetabilis prosapia.

12. Mundum subterraneum scrutanti vitæ mineralium & lapidum illicò clara sistuntur indicia: Crescunt enim & nutriuntur, non per appositionem & conglobationem extrinsecam, sed per motum ex centro in circumferentiam protensum,

qui

qui non poteſt eſſe niſi vitalis, & ab aliis moventibus exterioribus independens, comparatis ei omnibus æquilibrii mathematici & connexionis exterioris inſtrumentorum movendorum legibus. Quin ſolius magnetis ubivis obvia vitalis actus phænomena, evidentia pariter & ſtupenda, omnem dubitandi de mineralium vita licentiam menti ſolerti præſcindunt: quæ enim ad horum explanationem *Carteſius* ex mechaniſmi abditis confingere, in particularum ſtriatarum ſuppoſita atmoſphæra, auſus eſt, adeò inſulſa & nugatoria ſunt, ut vix ſine pudore legentium oculos dimittant, & hinc optimo jure ab ipſis ejus aſſeclis pro ficulneis habeantur. Moriuntur inſuper jam producta mineralia & metalla, ceu compertum eſt fodinarum ſcrutatoribus & metallurgiæ addictis, abeunte nimirum Spiritu compactore, & nutritore, ac remanente, loco metalli ductilis & liquabilis, exeſo cinere, nunquam in priſtinam figuram ignis artificio reductibili. His, præviâ experientiâ, præſuppoſitis, transmutationis metallorum, tot deſideriis quæſitæ & tot ſibilis exceptæ, ratio à priori facilè innoteſcit: Illud enim quod propriam ſuæ molis materiam actu vitali priùs congeſſit, &, igne inſtrumentali ſolis & terræ mediante, digeſſit ac transmutavit, (ceu omnia reliqua viventia quotidiè huic transmutationi incumbere deprehenduntur) ſi, adjuvante naturam arte, in ſua activitatis ſphæra priùs exaltetur, (quæ exaltatio circa reliqua viventia in aprico eſt,) facilè compos erit, ſubſtratam ſibi materiam idoneam, qualem metalla sibi invicem præbent, sub suæ activitatis sphæram, devorando & expellendo ita vitæ genium pristinum, rapere, ac sic actu nutritivo ac digestivo vitali desideratum effectum producere; quòd verò tam citò in tam ingentem cibi massam devorando & alterando grassari possit, ac in hoc reliquorum animantium actum nutritivum ac accretivum longis-parasangis superare, in causa est partim ipsius vitæ mineralis in constanter, simpliciter, & æqualiter agendo determinata fixitas, partim ignis culinaris, hoc liquefactionis actu omnem reliquorum animantium instrumentalem ignem excedentis, circulus rapidissimus, partim denique cibi substrati idonea homogeneitas, tot alterationis & subactionis decoctivæ reiterationes non requirens, ac reliquorum animantium diversa ciborum genera. Nec possibilia hic fingo, quæ actu nunquam evenisse deprehenduntur; licet enim tot frustrati famelicorum hujus scientiæ successus, & funesta bonorum dilapidatio, ut & infinitæ agyrtarum, Alchymistarum titulo infamium, imposturæ invisam & suspectam hanc philosophiæ naturalis partem non postremam reddiderint, constabit tamen rei veritas penes illos, qui exemplis convicti & inanibus præjudiciis non detenti, persuasi sunt, non illotis manibus tanti momenti scientiam pertractandam, cùm ipsi summo ac sapienti rerum arbitro, Deo optimo, curæ sit, arcere ab his naturæ adytis corruptæ naturæ mancipia, sibi æquè ac aliis inde exitium fabricatura: possidendo nimirum ac pro

lubi-

lubitu ufurpando omnes fimul corrupti feculi Deaftros: fanitatem, divitias, & inde refultantia voluptatis ac honoris lenocinia, quibus vel quærendis vel quæfitis & inventis tam divinum Numen horrendum in modum quotidiè lædi, quàm ipfas mundi focietates confufionis inexplicabilis barathro fubmergi, quin fubmerfas jam effe, oculis non eodem poculo inebriatis videre eft.

13. Denique, ut vitæ limites in immenfum patentes uno circulo rurfùs claudam, affero, totum terræ noftræ globum conftare, cohærere, & verfari actu vitæ generalis cujusdam, æquè, ac incolarum viventium, fpiritualis, incorruptibilis, ac refpectu movendi globi, immobilis. Id ut afferam, evincunt æquè clara, ac fuprà enarravimus, motus vitalis phænomena, ad nullas mechanifmi leges quadrantia, ac fimul evincentia, omnes reliquos, quos videmus, ftellarum tam lucentium quàm illuminatarum globos eodem motus immediatè vitalis fundamento inniti, ac verfari. Vortices enim, & atmofphæræ cujusvis ftellæ globo fubftitutum à *Cartefio* æquilibrium, quo, quafi fe invicem vibrantes, in fuis terminis hærere putantur, figmentum eft admodum jejunum & frivolum, ab experientia multoties difcuffum: hoc enim fuppofito vero, nunquam ftellæ novæ apparere potuiffent, fine perturbato à principio extrinfeco totius univerfi motu; nunquam in fuper collegi (quicquid in vanum ad fefe extricandum etiam hic *Renatus des Car-*

Cartes regerat) tam vasta cometarum ardentium moles. Astronomi itidem insigniores illusae phantasiae prodidissent monumenta, quibus subinde facta transpositio, & variatus situs ipsarum stellarum fixarum, quae creduntur, detectus est, & qui hodienum adhuc unanimi ore querulo excentricitates & motus refractiones, quas vocant, admittere coguntur, falsi non una vice integris ferè Eclipsium dimetiendarum calculis, & lunae, sideris proximi, motum frustrato conatu sub leges suas mathematicas undiquaque cogere adhuc anxiè annitentes. Subsiliunt nempe nonnunquam, dispensante Deo, tam vastorum orbium viventes agitatores, ut, quantùm sine notabili ordinis totius inversione fieri potest, actu vitali libero è consueto tramite deflectentes ostendant imbecilli Calculatorum turbae, leges eorum esse frustraneas, nisi, universi Conditor adhuc jussu suo liberrimo moventium intermediorum phalanges in ordine contineat, & statas motus leges obedientibus praescribat. Ut taceam, quòd ipse *Cartesius*, suae hypotheseos mendicitatem miserandam praevidens, non ausus fuerit, totius universi machinae extensae adscribere figuram determinatam, vel saltem extensionis terminos, ne nimirum inconsultò volantibus, quos inescare suis figmentis gestiebat, & quos temerè credere potiùs, quàm philosophari optabat, illicò aperiret absurditatis horrendae terminos, & ludicrae philosophiae finem ridiculum: nam quacunque figura definiisset extensi terminos, crustâ simul solidâ

tota

tota machina circumdanda fuiſſet, ad continendas in motus legibus ſphæras extremas, altera ſui convexi parte nequaquam ampliùs preſſas. At quis hujus cruſtæ & orbis continentis primus compactor fuiſſet? forte cruſta alia, & ita in infinitum? in Deo ergò tandem ſubſiſtendum fuiſſet miſero mundi ex particulis conflatori *Carteſio*; &, ſi non omninò, ceu vanam, ex particulis motus mathematici legibus coëuntibus, mundi fabricam, ejus aſſeclis proſcribere libuerit, nil ſanè reſtat, quàm ut ſtatuant Deum, poſtquam omnes atomos cruſtâ ſolidâ ad conſervandam motus cohærentiam obduxiſſet, primum motum, neſcio, quo contactu, ſuppeditaſſe particulis, quarum poſtea continuato motu & contritu corpora diſtincta ex menſura æquilibrii emerſiſſe, *credibile ſit:* nam niſi credas, captivatis rationis oculis, dices credibilius eſſe, in particulas confuſas abiiſſe philoſophantium talium mentis acumen, quod nec materiæ extenſæ, ac ita in ſe finitæ, fines aſſerere, nec motum vitalem & ſpiritualem, premente utrinque conſequentiarum hypotheſin ſuſceptam evertentium cumulo, admittere audet. *Tante molis erat tam ſtultam condere molem.* Sed, miſſis his quiſquiliis, figamus mentem ſolidiori fundamento, ac intuentes, cum omnibus univerſi orbis orbibus, globum noſtrum terraqueum, nullo ſuſtinente corpore in libero aëre ſuſpenſum, motu locali, tam diurno circa axem, quàm annuo intra tropicos revolutum, motu interno, ope ignis ſui centralis, (cujus flammimivomi montes quasi fuliginum spiracula sunt) aquas per quasi arterias (scaturigines nimirum internas) & venas, (fluminum undiquaque confluentium ramos & truncos, ad pristinum principium remeantes) continuò circulantem, ac in commodum incolarum viventium irriguos aëris vapores elevantem; statuamus potiori ratione, vitali hæc omnia deberi potestati, à mole quam animat independenti, quàm, nescio cujus, oneris impulsui: nam aërem seu atmosphæram nostram non premere, sed singulis momentis sursùm potiùs tendere, exhalando à terra, attenuante humores igne centrali, ac tandem à radiis solaribus prorsùs dissipari, evincunt altissimorum montium cacumina, in quæ ascendentibus tam respiratio, quàm antliæ pneumaticæ, & pyrotechniæ phænomena, ob deficientem & rarescentem aërem, tandem deficiunt, ipsis aëris, (vel condensati vel rarefacti, & in tantum vel cedentis vel contranitentis, nunquam autem onere quodam subjectis incumbentis) meteoris ordinariis, nubibus nimirum, ventis, pluvia & fulguribus longè infra pedes relictis. Et ipsæ nubes in aquam jam condensatæ, ac per consequens graviores omninò aëre subjecto, impetu ascendentis exhalando aëris quasi suspenduntur, nunquam prævalentes onere suo, nisi vento turbinoso vi quasi detrudantur, vel ulteriùs concretæ in majores guttulas diffluant. Quicquid proinde movetur, movetur actu vitali, vel immediatè unito, & sibi proprio, vel aliorum viventium fortiorum impetu, tu, quibus per intercedentia inſtrumenta copulatur. Omnes verò has vitas connectit, ac activitatis leges ponit *Vita prima* in ſe ſemper beata, ob infinitam ferè rerum creatarum, figurâ, motu & vitæ viribus diverſarum, multitudinem, *infinitè ſapiens & intelligens*, ob conceſſas & ſuſtentatas omnium vires *infinitè bona*, ob continuatum omnium ordinem, & primævam productionem *infinitè potens*, & hinc omni laude & devotionis vinculo digna, omniumque vitarum deſideriis, ſi æternùm felices eſſe velint, apprimè appetenda.

Dicta hactenus evincunt, *ſanitatem vitæ eſſe affectionem, juxta injunctam ſibi à Creatore legem ſuis actionibus tranquillè perfungentis, & conquæſito cibo ſua deſideria explentis;* morbum conſiſtere *in perturbatis vitæ ſenſibus & affectibus, hinc demandata ſibi numera ſubterfugientis, & retrocedentis;* corpus autem, *ceu extenſum externum, neque ſanitatis neque morbi immediatum ſubjectum eſſe poſſe, quia in ſe non eſt ſenſile, nec cadaver animâ orbum unquam Medicinæ objectum fuerit:* Mortem denique, *ſeu reſolutionem, ſolius eſſe extenſæ molis, quæ, ceſſante à ſua functione vivente incorruptibili, communis aliorum viventium præda fit, & per putrefactionem diſtrahitur, nonnunquam etiam à vivente univerſali totius globi tam diu compacta, & viribus congenitis integra conſervatur, donec commodùm vel in alimentum vel in medicinam, vel in uſum Oeconomicum ceſſerit reliquis altioris conditionis ani-*

animantibus. Quæ omnia sequente capite distinctius explanata oculis legentium sistentur.

CAPUT II.

De Homine Morbis afflicto ac Medicina juvando, ceu de genuina Morbi & Medicinæ origine, eorumque agendi & afficiendi indole.

I.

Deus, solus sibi sufficiens & ex sese beatus, non voluit nec potuit producere creaturas sibi ipsis sufficientes, ad explenda vitæ concessæ desideria; dependere ergò omnes voluit partim à se ipso, tamquam omnis bonitatis & perfectionis fonte, partim à creato vitæ pabulo, ut mutuo indigentiæ vinculo eò arctiùs unirentur. Creavit hominem omnium visibilium creatorum quasi complementum & compendium, ad sui imaginem: id est, instruxit eum vitâ ipsius Dei beatitudinis capace, & desideriis suis summo bono, ad explendam & saturandam famem, affixa; quam vitam divinarum rerum periti antiquissimi dixêre mentem, spiritum mentis, animæ inferioris quasi principem & moderatorem; sed & animâ in creaturas reflexâ, & in iis vitæ affectus saturante, instructum esse voluit, ut duplici vitæ fundo, sibi invicem objectorum impressiones communicante, ad instar bifrontis Jani inter Deum & creaturas constitutus tam creaturas, quàm creatorem cognosceret, ac ex utraque parte in summi Boni admirationem & amorem raperetur. Sed, ut

&

& se ipsum tanquam indigentem, & undiquaque ad beatè vivendum dependentem intueretur, ac quid inter causam primam & res creatas intersit, sensu experiretur, tentandus erat quadam fame seu indigentiæ sensu, ut hinc humili devotione Patri beatifico subesse disceret, ac ejus magnitudinem profundiùs veneraretur. Subtraxit ergò menti ad tempus Deus ter optimus suæ ipsius beatitudinis influxum & sensum, dato simul interdicto, ne vitæ ad Deum fruendum creatæ desideria ad cibum animæ caducum inverteret; sed fidei potiùs & obedientiæ oculis in beatitudinis & amoris fonte fixis de summo bono nil nisi bona speraret & crederet; ast moræ exiguæ pertæsa, & Diaboli, jam dum eodem modo à Deo aversi, suggestionibus auscultans, deflexit desideriis, abjecta fide & spe, à vitæ beatificæ præcepto, ac per sensus animæ subjectæ ad suavitatem rerum creatarum divertens, sibi jam satis prospectum esse credebat; sed illicò, hoc cibi genere famem immensi desiderii non tam expleri, quàm ulteriùs incendi sentiens, se nudam & egenam conturbatis oculis aspiciebat, variisque hinc timoris, spei, iræ, nauseæ, ac ratiocinantis phantasiæ furiis exagitata, eâdem spiritualis veneni labe animam sibi subjectam & annexam corripuit, quæ hinc, ab officio sibi destinato quasi retracta & in confusionem adacta, domicilium proprium & officinam nutritivam variâ turbâ fœdavit, ac, succrescente demum per carnalem generationem ignorantiæ & erroris, ut & inimicitiæ & libidinis colluvie, ab

C agen-

agentibus & objectis extrinsecis ulterius lædi ac perturbari cæpit, subsequente tandem tali impedimentorum variorum nauseâ, quæ desistere prorsus à functionibus, & corpus fœdatum derelinquere, animam impellit; hinc consequentiâ naturali, mors tam corporis quàm mentis & animæ enata est, quâ prius in sua principia resolvitur, ac ab aliis agentibus vitalibus rursùm rapitur, sorte magis toleranda & sensuum turbis experte, posteriores verò, anima nimirum & mens sensuum ac desideriorum subjecta immediata, &, ceu ex supra dictis patuit, incorruptibilia, in statum perpetuæ famis, anxietatis, metus, ac iracundiæ, conjectæ, apprimè intolerabilis sortis miseriam sentiunt, ac inter Deum & creaturas mediæ hærentes, & utriusque cibi delectamento orbatæ, suarum transgressionum meritas pœnas luunt, nil nimirum vindictæ portantes, quàm quod sibi ipsis fabricarunt: nec enim tortoribus extrinsecis, & ficto inferni loco, ut & irati Dei fulmine opus est, ubi tot cruciatuum tormenta, consequentiâ prorsus naturali, ex ipsius vitæ indissolubilis & incorruptibilis fundo ultrò ditissima scaturigine propullulant; licet in misero talium consortio objecta spiritualia extrinseca nunquam deerunt, quibus innata affectuum & sensuum rabies ulterius exasperari & concitari queat.

2. Hæc Religione aliquâ imbutis non omninò videbuntur absona, nec sacris testimoniis contraria, sed stultæ sapientiæ antistitibus & Philosophis vagis videbor multa narrasse, nil verò probasse;

ve-

verùm, huc revocatis, quæ de vitæ ipsius perennitate rationali argumentorum nexu suprà evicta sunt, & perpensis, quæ adhuc quotidiana suggerit experientia, cui nimirum & stultos demùm assurgere oportet, ad minimum concedent, potuisse lapsum, & hunc subsecutas miserias modô recensitô in mundum introduci, nec abs re esse, aliquô futurorum metu suspendi illum, qui caducis inhiat, & per religionis veræ Christianæ subsidia separatam ab animæ connubio sensuali, verbi divini efficacis & penetrantis ope, mentem, nondum cibo & delectamento concreato junxit, ubi ipsa anima inferior, mentis quasi domicilium, nexu reciproco felici ciborum commutatione, post excessum è corpore, æternæ beatitudinis particeps redditur. Vident nempe, eâdem corruptionis methodo quotidiè adhuc animam à mente ulteriùs corrumpi & in errorem conjici; vident, affectus & perturbationes sensuum spiritualium superiorum nexu indissolubili vitam animalem affligere, humorum circulum vel concitare nimium, vel sistere, pro iræ, amoris, lætitiæ, spei, timoris, odii, invidiæ, & tristitiæ indole; vident eousque procedere sæpiùs harum spiritualium confusionum procellas, ut anima suarum functionum naturalium prorsùs oblita ac ab officio unô impetu quasi abrepta, mortem subitaneam corpori inducat, vel etiam machinatione destinati consilii manus violentas sibi ipsi inferat, & vel ferro, vel veneno, vel præcipitatione & suffocatione, fata suprema ultrò accersat: Hæc videntes, videant simul, nisi consultò coecutire gaudeant, spiritus in corpus agendi facultatem extra hominum sanorum controversiam esse, vel, ridiculo conatu, quamlibet extensi particulam sensilem, cogitantem, vivam, & affectuum non extensorum & non commensurabilium subjectum primum & immediatum statuant. Videant insuper, has turbas, quæ miseros homunciones longè infra sortem bistiarum dejiciunt, non posse non oriri, nisi ex ampliore & intensiore, sed perverso fundo vitæ spiritualis, quæ continuò quærendo, & nunquam satura errando, tali tyrannide vitam animalem premit, &, genuino destituta pabulo, immani appetitu in ejusdem cibum grassatur, nec præsentibus bonis, quæ eligit, contenta, sed rabiosâ fame nunquam non ulteriora anhelans, nec de futuris, propter extravagantes ratiocinationis terminos, unquam secura, & hinc amittendorum horrendo metu, & acquirendorum desiderio se semper excrucians: cùm è contrario bestias, in eligendis præsentibus bonis & fugiendis præsentibus incommodis sat sagaces, & ad stuporum aliquandò rationales, tali affectuum tragœdiæ non expositas videamus, & hinc nec tot morborum insultibus obnoxias. Videant denique, præcepta Christianismi, quæ mentem Deo rursus conjungunt, & caduca vilipendere docent, vel vitæ tantùm temporalis beatitudinis ergò amplectenda, & exosculanda esse homini sano & genuino Philosopho; ut nimirum à vitæ temporalis carnifice indefesso liberetur, & brutorum ad minimum

sorforte prosperâ gaudere valeat; ac desinant tandem stultitiæ notam inurere illis, qui consultæ & spontaneæ insaniæ vincula exuere, ac animô inconcussô quosvis casuum assultus excipere annituntur, vel hoc unô totô perversorum grege beatiores, etiamsi videantur vitæ animalis infensi destructores, ac blanditiarum sensuum externorum iniqui contemptores: flocci enim sunt externorum malorum tela, ubi mens veri & adæquati desideriis suis boni sensu exultat, & animæ phantasias suavi jugo moderatur, dum non ampliùs tanquam famelicus corrivalis furtivis rictibus offam carnalium illecebrarum illi præripere annititur; sed potiùs suæ sufficientis beatitudinis gustu communicato ad altiora eandem erigere contendit.

3. Investigatâ ita causâ omnium primâ, ob quam in manus Medici incidendum fuit miseris, descendamus nunc ad alias intermedias, visuri, quot modis & quot objectis vita animalis possit turbari, & ita morbis affligi. Præter ergò hostem illum domesticum, perversam nimirum & à genuino cibo aversam mentem, cui anima nexu indissolubili jungitur, & cujus indomita tyrannis morborum sæpè incurabilium mater est, etiam ab aliis objectis spiritualibus immediatè sensus internos afficientibus turbari ac lædi posse animam, rationi pervium est, & veritati historicæ congruum. Sic cùm unâ nocte, feriente Angelo Domini, tot millia Assyriorum prostrata esse legimus, concipiamus saltèm, potuisse ferientem sine ullo objecti externi phantasmate, excitatâ per sensus internos terroris &

metus confusione, animam attonitam à functione animali suspendere, ac ita mortem corporis accelerare: ad eundem modum, quo, per sensus externos inducto subitaneo terrore & metu, quàm plurimos exanimes concidisse experientia docuit, & adhuc subindè concidere docet. Et sic nec absurdum nec de nihilo reputemus, cùm in Historia Evangelica spiritûs ægritudinis, quo infestabatur muliercula quædam, fit mentio, aut cùm corporaliter à Dæmone, dispensante Deo, obsessorum enarratur miserrima conditio: licet enim nugatoria quorundam protervitas, falsâ & furiosâ penè hypothesi, *Quòd spiritui in corpus agendi nulla sit potestas*, in vertiginem acta, hæc sugillare & evanida reddere non dubitaverit, nil tamen magis rationi sanæ convenit, quâ nulla agendi & movendi potestas, nisi prorsus spiritualis, deprehendi potest per totum universum, imò, ceu capite tertio ulteriùs evincemus, ne ipsa quidem extensorum localium existentia, cohærentia, & figura determinata, sine immediato concursu substantiæ ab extenso diversæ, inveniri. Læditur deinde anima, & morborum sensu corripitur, per objecta externa, in sensus animæ ad exteriora reflexos incurrentia; quæ objecta sensu communi ac rationis libramine simùl suscepta, & inde aliquandò ipsam mentem in confusionem agentia, denuò duplicem præbent morborum occasionem, irritatâ ac læsâ animâ tam per reflexos ad extra sensus vitæ suæ proprios, quàm per descendentia præsidentis mentis confusa phantasmatasmata. Primarium verò omnium objectorum externorum, & causarum morborum occasionalium, ipsa est machina, animæ viventis & sentientis domicilium: id enim cùm jam in utero matris mirâ diligentiæ ac sapientiæ applicatione ipsamet instruxerit, variis receptaculis, & vasorum continentium apparatu mirifico ornarit, variis denique succis ad elaborandum vitæ pabulum ditârit, ac ita in omnibus suo bono temporali prospexerit; mirum non est, si quid in tali officina turbæ excitetur, & per agentia adventitia ordo rumpatur, animam doloris, nauseæ, tristitiæ, & metus ceu anxietatis sensu exasperari, ac omni conatu, recollectis viribus & sedato affectu, obstacula infesta amoliri; quæ hinc est sui ipsius medicatrix optima, imò ferè sola: cùm, eâ cessante ab officio, omnis Medici conatus frustraneus sit, utpote cujus ars saltèm versatur in eo, ut blandioribus & congruis objectis vitam turbatam demulceat, ac, sedato ita rursùs sensûs infesti impetu, eandem ad resarciendum damnum illatum & redintegrandum officinæ ordinem, invitet & excitet. Ita enim statuere oportet eos, qui animæ & vitæ sensu orbato corpori per medicamenta rursùs erigendo & in ordinem redigendo nullam ampliùs operam locant; convicti in tantum, corpus quà tale, nunquam fuisse Medici objectum restituendum, & sic nec subjectum immediatum morborum averruncandorum, qui morbi sine sensu nulli sunt. Sensus verò, ceu ex dictis abundanter inclaruit, immediata affectio est subjecti viventis & in se incorrupti ruptibilis, & hinc ægrum in se istud solum dici poterit, quod nunquam resolvitur ceu moritur; licet, si quibusdam statutum maneat, inordinatam machinæ corporalis dispositionem morbi nomine insignire per figuram loquendi metonymicam, nulli de phrasium & vocum licentia litem movere intendam; ea enim dispositio est vel occasio & causa procatarctica morbi producendi, vel fructus & effectus perturbati affectus & morbi jam producti, nimirum vel introducta ab agente extrinseco importunè feriente & subrepente, vel causata ab anima ipsa in turbine sensuum inordinatorum ab officio sibi naturali cessante, &, sese quasi subtrahendo, confusioni motus circularis locum cedente.

4. Velim hæc, sine præjudicio & nauseâ sibi soli sapientis genii, perpendantur à Viris, ex quorum re est, non alienis & commodatis oculis naturæ viventis arcana scrutari, ausim enim tùm mihi promittere, neminem nasi emunctioris reperiri esse, qui non fateatur, sensationem materiæ extensæ tribuere, esse aliquid ingentis mysterii credere, & verbis asserere conceptus, quos ratio nunquam deprehendet cohærentes & rei intellectæ adæquatos. Desudarunt, ceu notum est, multi tam ex pristinis quàm modernis, huic nodo solvendo gladium fabricare, sed frustrà, & neque aliis neque sibi ipsis, si fatendum sit quod sentiunt, alicujus probabilitatis speciem relinquentes. Inter hos propiùs scopum feriens sagacissimus & solertissimus rerum indagator *Helmontius* senior, animæ,

mæ, principaliori itidem sedi ex sententia præcedentium, licet alia in corporis loco, juxta hypothesin affixæ, subordinavit adhuc vitam quandam mediam, ceu spiritum, soli functioni naturali intentum, quem, traducto ex *Theophrasto Paracelso* barbaro vocabulo, *Archæum* dixit, ac huic demandavit plerasque officii partes, quas aliis, spiritibus ita dictis animalibus & vitalibus vindicare, placuit; sed cùm indefinitum reliquerit, cujusnam prosapiæ sit *Archæus*, an ex vitalium incorruptibilium numero, & in se ipso intelligens, quia sentiens, & cur non potiùs ipsam animam tali muneri aptam agnoverit; aut, si *Archæus* non sit substantia intelligens & incorruptibilis, in spiritibus animalibus, secundùm veteres, idearum sensualium receptaculis, non acquieverit, (cùm præter necessitatem agentia & entia multiplicare nunquam liceat) meritò istud, Arhæi, novi fabricatoris, munus, obscuritatis velo involutum, à plerisque neglectum est; nobis tamen occasionem dedit, ulteriùs in indolem rerum vitalium inquirendi, & eruendi axiomata certa, quibus sphæræ activitatis eorum perennitas, incorruptibilitas, & materiam extensam movendi ac determinandi facultas in apricum producitur, & simùl evincitur, quamlibet vitam creatam, in se ipsa licet perennem & incorruptibilem, posse esse morborum, ægritudinis, sensuum adversorum & turbatorum subjectum immediatum, nec animam hominis, ut ab ægritudinis sensu affligi possit, opus habere turbarum concitatore intermedio, Archæo, juxta *Helmontium*, idearum dolorificarum & affectuum perturbatorum subjecto susceptivo & suscitativo. Sed suspicor adhuc, respectu familiæ brutorum, Viro sagaci, peregrino Archæi vocabulo ludere, consultum visum fuisse, ne brutis apertè tribuendo vitæ & animæ incorruptibilis fundum, fortè quibusdam hæreticus vel injurius in ipsam humanam naturam videretur; dum interea barbaro Archæi vocabulo buccinatores hæresium, & criticos irritatos incertos suspendit, audientes quidem, sentire & affectibus concitari posse Archæum, sed nescientes, unde istud animal venerit, nec quorsum per mortem tendat, aut quâ ratione in resolutione materiæ extensæ, sensus & affectus non extensi perire, vel superstites esse, dicendi sint

5. Sed ad inveniendam sensationis diversitatem, ejusdem animæ in eodem corpore, viam aperiet finis ultimus œconomiæ animalis, quærenti rationem: *quare animæ injunctum sit, tale volvere corpus, & tanto apparatu ingestum cibum alterare*, ex suprà tactis jam penitiùs aperiendus. Nempe, cùm ex sapientissimi Conditoris consilio animæ hominis injunctum sit, suos sensus æquè ad extrà reflectere ad cognoscendas creaturas visibiles, ac ad intrà, ad communicandum cum incolis mundi spiritualis & in-corruptibilis; brutorum verò animæ, saltèm persensus externos quærere proficua & fugere noxia, præsidente objectis sensualibus sensu communi & rationis, suam sphæram non excedentis, judicio; & verò sensibus istis

non

non tantùm rerum sensualium cortices & duram superficiem, sed simùl effluvia atmosphæræ cujusvis subtilissima, virtutum congenitatum vehicula, penetrare, iisque quasi conjungi necessum fuerit, ad odoris, saporis, pulchritudinum, colorum & sonorum in communi orbis atmosphæra excitatorum differentiam hauriendam; vestienda fuit anima sentiens subtilissimâ quadam & lucidâ orbis continuè circulantis atmosphærâ propriâ, in quam subtilia aliorum objectorum visibilium effluvia, per concursum obvium, colligerentur, miscerentur, atque ita animæ undiquaque præsentis obtutui & tactui subjicerentur, ac diutiùs sensui dijudicanti obversarentur. Hujus atmosphæræ, ceu immediati vitæ animalis stabuli, ergò, tota machina corporea erigenda fuit, ut nimirum in hâc officinâ per varios decoctionis & exaltationis gradus, ex assumtis cibis subtilissimum & luminosum quodvis colligeretur, & sequestratis corticibus, in circulum hujus agitatæ atmosphæræ eveheretur: hinc est, quòd anima, suæ indigentiæ & emolumenti gnara, minùs sentiat & offendatur in locis officinæ ignobilioribus, quàm in iis, ubi ultima, & proximè colligendæ tali atmosphæræ apta, fit concoctio, & puri ab impuro sequestratio: Sentit ergò anima in toto corpore; sed sentit apprimè & irritatur in nervis tanquàm propaginibus officinæ nobilissimæ, cerebri & spinalis medullæ, in qua officina, ob id ipsum tam firmis ossium munimentis undique à provida sibi anima conclusa, proximè colligitur, & per nervorum

rum canales toti corpori, præprimis tamen sensuum organis, distribuitur quinta omnium consumtorum, ceu vocant, essentia, aliis sub nomine spirituum animalium celebrata, à circulo hujus atmosphæræ rapienda, & tandem cum fluidioribus reliquis dissipanda: hinc est quòd plùs, imò pro constitutione temperamentorum quatruplo vel quintuplo plùs ciborum ingestorum insensibiliter evanescat, quàm quod in aucto sua mole corpore, & in collectis recrementis, subducto calculo, invenire est: hinc denique esse puto, quòd, (ceu exemplum his terris in juvene rustico Stolpensi datum) per longum temporis tractum dormitantes, ob minùs concitatum ignis culinaris suæ officinæ animalis circulum, cibo non tantoperè indigeant, cùm anima à sensibus exterioribus vacans per respirationem ex aëre sufficientem usquequaque occultum vitæ cibum recolligere, & partibus indigentibus distribuere etiam naturaliter valeat; quanquam supernaturali Conditoris dispensationi ubique locum relinquam. Quæ quidem resolvendi & in invisibilem atmosphæram dissipandi facultas in quibusdam viventibus tanta est, ut ignis culinaris rapidissima in combustibilia resolvenda agendi virtus vix æquiparari mereatur, utpotè plùs recrementorum visibilium relinquentis, quàm ignis vitalis, humido adhuc vinculo quasi captus. Adhuc fruitur aurâ senex Octogennario major, civis Amstelodamensis, vir probatæ fidei & boni amantissimus, qui per tringinta ferè annos benè semper

esu-

esuriens, & pastus benè cibis solidis, prosperâ usus est valetudine, in corpore macilento quidem, sed admodùm agili, nunquam, nisi ordinariè 20. diebus, aliquando etiam 30. elapsis, aliquid fæcum alvinarum deponens. Fabulas fortè narrari dicerent plures, nisi facti veritas testibus vivis quàm plurimis desideranti innotescere queat pariter, ac ipsius decoctoris tam strenui confessione fide dignâ. Hæc verò debitè considerata rursùs dant intelligere, quàm instabilis motûs lex ex configuratione superficiali materiæ extensæ resultet, quæ à viventibus quotidiè in mille figuras discerpitur, & mille modis determinatur: ex solidis nimirum fiunt fluida, ex fluidis solida, ex invisibilibus visibilia, ex gravibus levia, ex levibus gravia, pro indole & dispensatione vitæ incorruptibilis, materiam inertem modò compingentis & colligentis, modò extenuantis & dissipantis, adeo ut nil tam instabile moliri queat homo sapiens, quàm particulis stabilem vindicare velle figuram, &, ex determinatâ figurâ primâ, primá confingere corporis elementa, & motus leges. Ut taceam, quòd nec ullius figuræ determinatæ ratio concipi possit, (ceu ex supra datô, resolutionis, mechanicè cohærentis corporis, exemplô innotuit, & infrà ampliùs innotescet,) sine præsuppositô immediatô & immateriali hujus figuræ auctore & opifice.

6. Positô ita fundamentô generali; certô tamen & rationi sanæ perviô, morborum ex sensatione vitæ dependentium, planâ viâ descendemus

ad

ad specialiores sensationis malè affectæ modos, quos in certas classes distribuendi, & indubitatis, non conjecturalibus causis proximis occasionalibus jungendi rationem suppeditabit officinæ animalis anatome, non superficiaria & circa vasa hærens, sed, tentatis contentorum interioribus, abditum animæ œconomæ munus ope ignis soli exponens. Anima nempe, ut ultimo fine à Deo sibi destinato potiatur, assumpta alimenta arte mirifica dissolvit, alterat, separat, & exaltat, ope instrumentorum variorum & vasorum sapientissimè dispositorum, ut & ope cujusdam flagrantis & vivâ flammâ triumphantis ignis, liquores in circulum agentis, & sibi subordinata solventia humida quasi animantis. Cibus ita ore assumptus, & masticando salivâ fermentante imbutus, ventriculum subit, isthic ulteriùs, concurrente fermentativô succô acidô, in cremorem convertendô, suffundente calorem culinari flammâ, ex corde in sanguinis rivulos dilatatâ, & totum corpus calefaciente. Ex ventriculo descendens per pylorum in intestinum duodenum, novâ animæ artificis curâ, perfunditur duobus liquoribus sibi contrariis, & hinc, factâ effervescentiâ, separationem puri ab impuro, liquidi à spisso per præcipitationem molientibus: bile nimirum, alcalinæ prorsùs & acidum obtundentis naturæ, & succô pancreaticô subacidô. qui bini liquores per ductus suos peculiares, satis conspicuos, ex officinis, ubi colliguntur & præparantur, ad duodenum derivati, coëuntibus tandem canalibus, ut plurimùm num per commune orificium fuâ valvula munium, effunduntur. Sequeſtratis ita novô hoc notu recrementis terreſtribus, humido tamen adhuc innatantibus, novô vaſorum apparatu œconoma purius & liquidius per filtrum tenuium venarum lactearum colat, colatum in ductum thoracium rurſus colligit, maſſæ ſanguineæ porrò commiſcendum, & incumbente flammâ culinari rubro colore tingendum, ulteriùs perficiendum, circulandum, & factâ jam novâ filtratione, priori, ratione finis, prorſus contrariâ, per compactas & arctas renum glandulas à ſero & aquoſitate nimiâ repurgandum, ut remanens in debitâ conſiſtentiâ rubicundum ſanguinis magna concentratiores & efficaciores ſuccos officinæ nobiliſſimæ ſubminiſtrare valeat. Hinc ſubtiliſſimum, & à terreſtribus pariter ac ſeroſis partibus defæcatiſſimum, per anguſtiſſima & innumera arteriolarum oſtiola, in officinam cerebri & cerebelli, & ex his derivatæ ſpinalis medullæ, exprimitur, iſthic in ſubſtantiam luminoſam convertendum, & per multivarios nervorum canales omnibus partibus diſtribuendum, præprimis tamen illis organis, ubi anima exquiſitiſſimæ ſenſationi indulgens copioſiore & concentratiore atmoſphærâ lucidâ opus habet, ad ſubtiliſſimas rerum objectarum dotes, ſimili atmoſphærâ circulantes, tanquam ſimili magnete captivandas: hinc eſt, quòd quædam animalia, quibus ob temperamenti & digeſtionis vires iſtud luminoſum abundantiùs colligitur, noctu lucentes oculos oſtendant, veluti feles, leones,

nes, lupi, lynces & alia plura, etiam ex volatilibus, sibi ipsis sufficientem, ad cognoscenda objecta propinqua, lucis atmosphæram suppeditantia, cujus conditionis inter homines quoque aliquandò reperire est; & mihi aliquoties accidisse memini, quod *Scaliger* de se & aliis memorat, ut effusâ per oculos luminis atmosphærâ, sub nocte densissimâ scripta propriùs admota legere integrum fuerit: quin omnibus asserti veritas, affrictu vel plagâ oculos agitantibus, illicò innotescet, dissiliunt nempe tum scintillæ visibiles, luminosorum spirituum animalium indices. Demùm, ne nimiùm hoc nobilissimum ultimæ concoctionis productum dissiparetur, & extra corporis convexum in auras funderetur, præcavit sibi œconoma, non tantùm solidissimâ inductâ cute & huic subtextâ membranâ carnosâ, quarum fibris nervorum texturis non absimilibus, effluvium nimium sistitur, & inde ipsa hæc tegumenta sensus exquisitioris stabula deprehenduntur; sed & glandularum, succô acidulô tumentium, & hinc ad illa queandum istud luminosum aptarum, per concavum corporis dispositâ custodiâ, à quibus collectum & lymphæ admixtum in communem lymphaticorum vasorum truncum, ductum thoracicum, & ex hoc in massam sanguinis rursùs, reciprocâ circulatione, derivatur. Unum enim pancreas si exceperis, primam nimirum acidi colligendi officinam, & hinc huic functioni primariò destinatum, omnes relinquas glandulas, tam conglobatas, quàm conglomeratas, glandularum nomimine præcisè gaudentes (de capsulis enim renalibus, renibus, testiculis & mammariis sermonem non esse, facilè deprehendent non iniqui critici) ausim asserere, primariò huic capturæ volatilis luminosi esse destinatas, ipsam etiam glandulam pinealem, & pituitariam: dispositæ enim deprehenduntur semper, vel ubi magnô nervorum concursu sensoria vigent, & luminosum istud valdè dissipatur, ceu in capite multivaria glandularum ostendit congeries, vel ubi ob motus & ardentis culinaris flammæ vehementiam exhalatio viget, ut in thoracis concavo thymus, & in abdominis, respirationis & distributionis actu variè viscera sua volventis, speluncâ, mesenterii & omenti uberrima glandularum seges.

7. Hæc culinæ animalis, rudiore & festinante penicillô, quò ad actus concoctionis primarios, facta delineatio ulteriore demonstratione assertorum non indigere videbitur lectoribus, non tam suis præconceptis, quàm veritati auscultantibus. In gratiam tamen eorum, qui non nisi tactilia admittunt, demonstrabo substratas hypotheses experimentis sensibus obviis, & hinc fidem modernorum philosophorum apprimè merentibus, ut postmodùm ex certis fundamentis certior evadat morborum causas demonstrandi methodus, jam à nobis aperienda, & à quovis feliciter calcanda, cui salus decumbentium curæ est. Ignem flammantem, concoctionis præcipuum instrumentum, evincit non tam actualis per totum corpus diffusus calor, quàm subitanea ab ingestis spiritibus

D

bus inflammabilibus hujus caloris intenſio, imò ab aſſumtô nimiô ſpiritu vini (quòd multoties vidiſſe contigit in Germaniâ, nec puto hic locorum prorſùs inſolitum fore) ſtigiæ flammæ ex faucibus eruptio, multâ adſtantium curâ, infuſo nimirum lacte, & ſepulturâ talis inconditi binonis ſubter fimetum collotenùs factâ, reſtinguenda. Qui dicent, potuiſſe motu fermentativo ſpiritum vini in ſtomacho vel faucibus accendi, demonſtrent tale quid exemplô analogô, hactenùs nobis, utut non ex decoctorum numero ultimis, incognitô. Novi enim ſpiritum vini licet rectificatiſſimum, vaſe apertô prunis candentibus, non flammantibus, impoſitum, non conceptâ flammâ, in auras abiturum, flamma verò vel è longinquo admotâ, illicò ſimul conflagraturum: non latet equidem, olea diſtillata calidiora, affuſa concentrato ſpiritui nitri & vitrioli, flammâ conceptâ evolare; ſed quis tantæ virtutis fermentum & acidum igneum in humidâ prorſùs & fluidâ contentorum ſubſtantiâ deprehendi poſſe credat? nec latet, fœnum vel ſtramen non adeò aridum collectum, per fermentationis reſolutionem in cineres & flammas abire; ſed in corpore, vel humidô, quale animalis eſt, vel prorſùs ſiccô, igni ſuſcitando per fermentationem non eſt locus; cùm ſpiritus inflammabilis in hoc nunquam vinculis liberetur, & in illo, nempe humidô, beneficiô phlegmatis contra accenſuros radios ſolares protegatur. Dicendum ergò reſtat, perpetuam in cordis concavo, & truncis arteriarum inſignioribus vigere &
ali

ali flammam, novô semper pabulô ex sanguine acceptô ejus superficiem lambentem, & subjecta quævis, communicatô calore temperatô, tam à concretione nimiâ, quàm à suffocatione redundantis lymphæ, vindicantem, quæ aucta nimiùm ab ingesto spiritu vini inflammabili tandem per orificia venarum propulsa, vel in stomacho & æsophago, vel in thorace & pulmone ascendentes halitus spirituosos corripuit, & flammivorum in flammivomum, horrendô spectaculô, commutavit. Sed & aliam rationem firmandæ thesi suppeditat Chymiæ rara soboles, Phosporus, ex quibusvis animalium partibus fluidis, debitè priùs putrefactis, maximâ ignis torturâ prolectus: Is vasi vitreo, quantumvis obturato, inclusus & calore levi suscitatus, apertâ ardet flamma; imò adhæc aquæ submersus flammas fundere iisque aquæ superficiem lambere non desinit, indole sanè diversâ à quorumvis ignium & inflammabilium generibus, & ad oculum evincente, posse intra humidos sanguinis rivos eandem flammam perpetuò vigere, & ob respirationis beneficium multò faciliùs conservari. Sed & horrenda ejus in alterando & resolvendo virtus consideratu digna est, ad declarandam digestionis nutritivæ vim satis stupendam: Solidissima enim corpora metallorum, aliàs omnem vim ignis culinaris eludentia, hâc flammâ in vase clausô tacta simul devorantur & elevantur, separatoque per aëris deliquium rursùs phosphoro, in mucorem abeunt sulphureum, nunquam, tentatis omnibus artis docimasticæ

sub-

subsidiis, in metallum ductile reducendum; sed vel evolaturum, vel formâ vitri rubicundi, ipsis etiam metallis nobilioribus commixtum, semper intentionem artificis frustraturum. Nec hanc resolvendi vim imminutam ostendit, si corpori vivo animalis affricetur intensiùs; nisi enim illicò, antequam epidermidem penetrarit, à circumfuso aëre, quem avidissimè colligit, in liquorem resolvatur & ita sui ipsius pabulô restinguatur, funestô satis successu in subjecta quævis ob vim concentratam grassatur, etiam ossa adurens, adeò augetur & nutritur humoribus nostris, semine ejusdem ignis turgidis. Demùm, quòd aquâ affusâ nunquam solvatur, & tamen, more salium, auræ expositus citissimè in liquorem abeat, nec, inde abstractô rursùs liquore, vim urentem & flammivomam amittat, indicio est, circumfusam atmosphæram commune suppeditare promptuarium, ex quo quodvis agentium id colligit, quod arridet, & debiti pabuli vicem supplere valet. His, puto, primum suppositum, de igne flammanti, luculenter evictum est. Bilis verò alcalinam prorsùs naturam Chymia ad oculum demonstrat; licet enim ex omnibus reliquis animantium partibus, ope simplicis destillationis (quod non animadversum hactenùs à Chymiæ solertissimis, impensè miror) acidum acerrimum haberi queat; sola tamen bilis sub examen revocata nil promit, nisi cum phlegmate spiritum, seu sal volatile alcalinum, oleum inflammabile, sulphur quoddam in flores elevatum croceum amarum, & sal lixi-
vio-

viosum fixum, magnâ, respectu reliquarum partium, quantitate conspicuum, ac nullibi pauciori terræ adustæ commixtum; ut merito dixeris bilem omnium humorum, excepto spirituali luminoso ultimæ concoctionis, depuratissimum & nobilissimum. Pancreas autem & omnes reliquæ glandulæ, ignis scrutinio subjectæ, abundantissimum præ omnibus partibus producunt acidum, paucissimum olei & salis volatilis, sal alcalinum vero nullum, sed potius salsum & acido proprio imbutum: ac ausim asserere, ex omnium acidorum generibus acidum animalium virtute incisivâ & penetrativâ ut & coagulativâ prævalere, cui sententiæ, plurimis experimentis non vulgaribus mecum confirmatæ, fidem faciet salivæ in mercurium vivum, omnium colliquantium & alcalinorum potentissimum, stupenda potestas: hunc enim si salivâ, per diutinam digestionem à tenaci mucore fundum petente liberatâ, conterendo commisceas, & trituram novâ hujus salivæ aspergine indefesso studio per aliquot dies protrahas, videbis à colore nigro per album transire ad rubicundum, & tùm omnem torturam ignis aperti infractum sustinere; resultante tali virtute medicâ & diaphoreticâ, quæ locatam operam abundè compensabit. His perpensis, æquus lector non diffitebitur, nec incolsultâ, nec invitâ experientiâ, præcedentis paragraphi systema officinæ animali à nobis adaptatum esse, ex quo nunc fixô Ariadnæ filô procedentes, morborum variorum labyrinthum non irretiti perscrutabimur, ac, favente Deô

Deô, pro virili annitemur, ut noſtra veſtigia legentes, vitatis anfractibus, rectâ viâ ſcopum ſibi præfixum attingant, ac, adhibitâ ſtudio ulteriore experientiâ, indies ulteriora in hoc inexhauſtô naturæ arcanorum oceanô detegere valeant.

8. Patet nimirum tam ex compoſitione & reſolutione artificiali chymicâ rerum corporearum, quàm ex ſagaci animæ ſibi præcaventis diſpoſitione duorum humorum, quorum alter in diſſolvendo, alter in coagulando & conſtringendo, ſuas vires exſerit, corporis naturalis turbas & malas diſpoſitiones, ob quas anima ſuo operi intenta variô affectu affligitur, adæquatè reduci poſſe in duo capita generaliora, quorum alterum exhibebit occaſiones morbidorum affectuum animæ, ex *nimiâ* humorum *roſolutione* & orgaſmô captas, alterum, ex *nimiâ coagulatione* & impeditô circulô ſuppeditatas. Ars enim chymica naturæ imitatrix inſtrumentis ſuis, nimirum igne & liquoribus diverſi generis, tam contrahentibus quàm diſſipantibus, inſtructa, ad oculum corporum naturalium ſtructuram & reſolutionem, in quantum ea dependet à collectæ ab agente naturali materiæ aptitudine, facilè demonſtrat; imò in plantarum & animalium reſolutione, unicô ignis ſicci mediô, principia componentia paſſiva in apricum producit, quæ ſi quis ipſius ignis producta eſſe contendat, ignorantiæ potiùs protervæ prætextum quærit, quàm ex rei veritate loquitur; ſunt enim quædam ſubjecta igne ſeparata & ex ſyntheſi naturali diſtracta, quæ rurſùs unita idem, ſecundùm

dùm omnia, subjectum constituunt, quod ante ignis torturam fuerant, evidente documentô, per ignem nil produci posse, quod non re verâ corpori separando priùs infuit, licet unumquodque componentium, terreis & aquosis vinculis exutum, sub figura peculiari & in sese collectum, in conspectum prodeat, cùm antea per omnem mixti extensionem sparsa sibi invicem adhæserint. Ut taceam, quòd quodvis resolvendorum singularia, & sibi soli, ratione quantitatis & qualitatis, propria depromat principia, uni licet igni & eidem gradui subjectum, quæ solers naturæ & artis filius jam gustu ac odore determinare valet, antequam ignem senserint. Hujus ergò artis ope omnes partes corporis animalis (non contenti aspectu superficiali, & inde deductis conjecturis) intimiùs rimati, deprehendimus in omnibus, (bile, & glandularum succo exceptis) constans, licet inæquale, commercium quatuor purarum, & duarum recrementitiarum partium, quas dicunt: *phlegma insipidum, & adustum terrestre; sal volatile, oleum, acidum, & alcalinum sal fixum*, nonnunquam etiam ob firmum acidi nexum, *merè salsum & medium*. Bilem acido prorsùs destitutam, & glandulas cum suo succo oleum nullum vel paucum, vix etiam aliquid salis volatilis, multùm verò acidi & salis armoniaci neutrius generis, præbere invenimus. At cùm, menstruis alcalinis omnia discerpi & fluidiora evadere artificibus ubivis in confesso sit; ex acidis verò cùm alcalinis mixtis coagulationem præsentaneam suboriri, constet, dicere de jure licebit, duos hos succos, bilem & succum pancreaticum, unà cum flamma culinari sanguine incumbente, esse præcipua animæ viventis instrumenta chymica, quibus assumpta alimenta alterat, exaltat, in circulo debito continet, ac ita indigentiæ suæ prospicit: esse etiam instrumenta, præ vasibus continentibus facillimè alterationi & commistioni agentium inimicorum obnoxia, ut vel excessu vel defectu æquilibrii limites transcendant, & hinc maximarum turbarum suscitabula & omnium ferè morborum causæ fiant irritatrices; cùm è contrario, è vasorum continentium structura morbus vel sanitas parum periclitetur, quæ structura non potest turbari, nisi ab externo violento, vel à vitiatis primò contentis liquidis, vasa sua, vel vi corrosiva & dissolutiva vel constrictiva & oppletiva, laxantibus aut coarctantibus. Ut proinde Anatomia recepta, quæ neglectis dissecandis partibus fluidis, nexum vasorum miratur, & de novo subinde invento, aliquandò nullius momenti, magnos strepitus in vulgus eruditorum spargit, parùm vel nihil lucis Medicinæ attulisse videatur; licet eandem Chirurgi manus, ferro & igne armatas, viâ planâ aliquando ducere posse non negaverim, nec etiam indignam reputaverim, quæ à viro rerum naturalium & divinarum studioso, vel solius admirationis & jucunditatis ergò excolatur, dummodo ex istis leviculis, vel aliquot mensium spatio cuivis solerti ad unguem enarratu possibilibus, & solorum plerumque què oculorum & memoriæ crepundiis, non magnorum Medicorum nomen affectemus, & omnes artis studiosos tantâ contentione in visendis & revisendis cadaveribus detineamus (importunè & iniquè aliquando viva animalia curiositatis gratiâ excruciando) ut fermè credi possit, Medicos nonnullos, non publico Professoris Anatomici munere ad id adstrictos, finem suæ artis ultimum constituisse, multa in promptu habere cadavera, quibus perscrutandis & explicandis delectari queant. Mihi sanè, relicto fœtore & squallore defuncti cadaveris, vel unicâ adspectione satis cogniti, consultiùs & utiliùs judico, manus polluere carbonibus, & partium fluidarum exquisitam instituere analysin, ut fluida fluidis debitè commiscendo, fluxuræ per fluida sanitati succurrere integrum sit: licet enim omnes fibrillas animalis adhuc vivi ex anatomiæ præceptis distinguere queam, (quod tamen impossibile, cùm mirificè vita in exstruendo sibi domicilio distributione & ordinatione vasorum variet) incumbet nihilominus, per os transmittere medicinam, liquoribus permiscendam, & in animæ viventis arbitrio relinquendam, quorsùm derivanda veniat, præcavente saltem Medici industriâ, ne quid immittat, quòd perspecta morbi ratio dissuadet, & majorum turbarum suscitabulum fortè esse queat; si non semper liceat malum extirpare penitùs.

9. Quinimò, si, quod res est, effari licet, penitiùs exculta nostris diebus partium continentium anatomia, medicantium chorum quibusdam

præ-

præjudiciis implicuit, in decumbentium plurimorum perniciem tendentibus: cùm enim, ex detecto ab *Harvæo*, & ulteriùs per *Blancartum* & alios enucleato sanguinis circulo, pateret, quantis angustiis viarum liquores corporis animalis revolvantur, communi ferè suffragio itum est in sententiam, omnes morbos obstructionibus originem debere, ac, cùm viderent, acidorum indolem esse, colligere & constringere liquida heterogenea, unanimi ferè ore acida ex praxi & diæta proscripserunt, suffulti adhuc quorundam Chymicorum superficiariâ experientiâ, asserentium, in resolutione partium animalium chymicâ nil acidi in conspectum prodire, à cujus præjudicii labe ipse *Sylvius*, industrius anatomiæ utriusque scrutator & de republicâ medicâ aliàs optimè meritus, non penitùs immunis fuit. Orgasmum ergò sanguinis in febribus ardentibus, imò malignis, pestiferâ plerumquæ venæ sectione sistere, obstructiones per sudorifera & volatilia tollere, & horum intempestivum impetum, in resolvendo humores & augendo malum, oppositis opiatis refrænare consultum judicarunt, non nisi successu funesto, in forte naturæ reluctantis bonitas aliquandò & morbi & medicinæ malum superarit. Ita semper immani saltu ab uno extremorum ad aliud avolantes, volatilibus, & his contrariis opiatis, tam morbo quàm ipsis suis medicaminibus occurrere oportuit, obstruendo & penitùs stupefaciendo per opium, & aperiendo & concitando nimiùm circulum humorum per alcali

MORBUS ET MEDICINA.

calina volatilia; cùm moderato acidi blandioris usu unô veluti ictu omnia obstacula præscindere integrum fuisset. Ipsi tamen de hypotheseos certitudine parùm certi, tempore pestis ad acida rursùs confugerunt, tot annorum experientiâ comprobata. Permittant ergò nobis *morborum resolutivorum* jam enarrare phalangem, non obstructionibus & acido, sed concitatiori, per ignem culinarem & suffusum bilis resolventis oleum, circulo, & inde subsequenti disgregationi partium componentium, originem debentium, ac suppeditare talibus medicamina, quæ radices pullulantis mali tangunt, & ita indigentiæ perturbatæ vitæ succurrunt. *Phrenesin* & *maniam* solitariam, seu idiopathicam, concitatiori, per nimium ardentis flammæ culinaris impetum, circulo sanguinis originem debere, bile adhuc cum succo pancreatico æquilibrio certante, & hinc fortioris digestionis adminicula præbente, certum esse puto: unde fit, quòd tales integris viribus, imò aliquando sanorum majoribus, confusorum sensuum tragœdiam ludant, ac nil nisi memoriæ & sensationis ordinatæ defectum ostendant. Accenditur autem nimiùm instrumentalis vitæ ignis, vel philtris & ipsius animæ incondito amoris desiderio, vel cibis facilè inflammabilibus & calidioribus, vel etiam abusu medicamentorum volatilium, (quod salis volatilis oleosi intemperatu haustu aliquoties evenisse constat, etiam *Sylvio* adhuc superstite) & propagata ita flamma fervido circulo sanguinis commiscetur, perque arteriolarum ostia in cerebri

bri officinam propulsa, humidum luminosum non urens, idearum sensibilium stabulum, urente motu corripit, ipsamque officinam hujus quintæ essentiæ nobilissimæ, nimio affuso sanguine, non satis adhuc repurgato, foedat: hinc talibus vitâ defunctis rubet sectione apertum cerebri parenchyma, & vitâ fruentibus, anima huic hosti & invasori domicilii nobilissimi depellendo occupata negligit dijudicare ideas à sensibus externis, & concitatiore luminis sensualis circulo, rapidè & confusè acceptas, undè delirium, ac judicii & memoriæ, quatenùs sensibus exterioribus inservit, corruptio. Ejusdem conditionis & originis, quoad causas instrumentales, videtur esse concepta à morsu canis rabidi rabies, cujus venenum eodem modo per auctam vitæ flammam subintrare cerebrum credibile est; licet rationem veneni ex textura partium demonstrare supervacaneum judicem, nec, cum *Sylvio*, facilè per alcali acre volatile definiverim. Intereà ignis flammantis excessum tam phænomena in decumbentibus obvia, quàm ipse indicatorum medicamentorum in cura successus, satis evincunt: curatum enim non una vice utrumque malum novimus continuato acidorum usu, verbi gratia spiritus salis, vel spiritus vitrioli, quorum potentia, in restinguendo igne & sistendo humorum circulo, omnibus in confesso est; & si quæ salia metallica ad manus sint, faciliore omnia procedent tramite: vim enim anodynam & somniferam metallis, præprimis fixioribus, indidit propriæ vitæ genius, in colligendis & coarctan-
dis

dis sub suam sphæram activitatis humoribus apprimè conspicuus; quam vim colligendi in concitatas exhalationes corporis animalis exercens, suavi blandimento animam conturbatam demulcet, & ad somnum inclinat, securum omninò & recreativum; non, ceu ex opio expectandus est, stupefactivum & nervis inimicum. Febrium malignarum cohors, *Pestis, Petechiæ, febris ardens & putrida, variolæ, morbilli,* & id genus alia per contagium serpentia, manifestè dissolvendo suam exercent malitiam; licet enim prodigiosa, præprimis in peste, aliquandò symptomata, & insultantis mali mirifica agendi diversitas, exquisitam rationem veneni occultent, & ipsemet facilè in *Judæorum Cabalistarum* sententiam condescendam, quorum opiniones *Robertus Fludd* in sua *Philosophia Mosaica* collegit & suas fecit; imò & firmæ persuasioni *Turcarum,* de spirituali veneni grassantis auctore, non admodùm refrager, primum tamen horum agentium malignorum instrumentum, quo officinam animalem infestant, esse flammam culinarem suffusa abundante bile auctam & concitatam, omnia indicia evidenter evincunt: calor nimirum intensus, delirium, prostratus appetitus, anxietates subitaneæ, & sanguinis, importunè hîc semper per venæ sectionem extravasati, nimia liquiditas etiam in frigore suam indolem retinens; avulso ergò ò manibus infensi hostis instrumento nocivo, de abigendo penitùs malo non desperandum est. Dissolutiva malignitas & inde patet, quòd putrefactivis exhalationibus

bus ipfe aer inficiatur, & ita malo morbi genio inftrumenta lethifera multiplicentur. Demùm explorata per experientiam medicamenta unanimi ore eandem fententiam confirmant: acidis enim & anodynis, bilis & ignis culinaris domitoribus femper accincti Medici felices adhibuerunt manus: ac novi, plures febri maligna & petechiali decumbentes, integris malis citriis comeftis, faccharo aliquatenus fapori fuccurrente, illicò reftitutos fuiffe; interim fudorifera mineralia non negligenda funt, colligunt enim fparfos per circuli igniti vehementiam humores, ac ita materiam fudoris præbent, aliàs per fudorifera volatilia nunquam fucceffuri, fudor enim in excellenti gradu malignitatis deficit, non ex oppletis poris, fed ex deficiente lympha, calore urgente adeò rarefacta, ut in fuperficie cuticulæ colligi nequeat. Hinc fopitis per acida igne & bile, & per metallorum genium fpecificum revocatis in fuum centrum exhalationum concitatarum effluviis, anima ultrò malo depellendo, utpotè fuorum inftrumentorum rurfùs compos, incumbit, & per fudorem bonæ crifeos præbet indicia. Si quis verò verâ & radicali auri folutione, verâ itemque coralliorum tincturâ, medicaminibus faporis & odoris fuavitate cum omnibus faccharatis & aromaticis facilè certantibus, inftructus accefferit, experietur, quid artis chymicæ debeatur arcanis, & quàm facilè omnium morborum acutorum & malignorum conventus, uni vel duobus medicaminibus locum cedat. *Diarrhœam* & *dyfenteriam* acutam fub eundem

dem censum revocamus; licet hïc bilis & ignis in sanguine orgasmus præviæ obstructioni ductus biliarii debeat originem, communiter ex intemperato ciborum facilè fermentabilium, & in chylum acidum abeuntium, esu excitatæ, quales sunt fructus horæi, saccharata, mellita &c. Retroacta ergò bilis in venæ portæ circulum regurgitat, & inde in totam sanguinis massam derivata ignem accendit, & alcalinâ suâ incidendi facultate omnia justo fluidiora reddit. Succus intereà pancreaticus, abundanti ciborum acido auctus, loco boni chyli magna pituitosum & lentum albicans producit, nullâ per bilem facta ampliùs fæcum præcipitatione & liquidi purioris separatione; arrosâ ergò & stimulatâ per exedens istud acidum intestinorum interiore mucosa superficie, sparsa per eandem orificia venarum arteriosarum aperiuntur, &, largo imbre expulsi sanguinis, dejectioni albicanti ruborem inducunt, pro acidi & bilis mensura variantem: hinc tam subita hunc morbum comitans virium prostratio; ardet nimirum ignis, & nutritio cessat, obstructis venis lacteis & succo nutritioni inepto, impedita. Curam ante expectatam gangrænam intestinorum, facilè, absolvit purgans & incidens lene, ad semovendam priùs collectam primarum viarum saburram destinatum. Tale ex mille est *sal Theophrasti enixum*, sub nomine *salis mirabilis Glauberi*, vel *Anglicani* etiam, ubivis notum; cùm enim neque acidis neque alcalibus, utpotè naturæ prorsùs mediæ, bellum indicat, &, quæ est salium indoles, omnibus humoribus facilè

miscesmisceatur, sine ullâ flatuum & torminum turbâ purgat, reserat, & nullius subsecuturæ obstructionis & adstrictionis alvi metum relinquit. Deoppilato sic rursùs ductu biliario, mala producta ultrò cedunt; & adhibita postmodum, si vel nil aliud ad manus sit, guttatim bilis animalium vel piscium mirum in modum recursum bilis accelerat, acidum enim in duodeno & mesenterio prævalens vicariâ hujus ope obtunditur, ac per consequens dictuum angustiorum obstructiones tolluntur. Orgasmum autem sanguinis ex regurgitante bile ortum hic potiùs anodynis mineralibus, quàm acidis, infringere, condicit, sublatâ obstructione facilè domitum. Tincturâ demùm coralliorum tam orgasmus dictus tollitur, quàm viscera exesa facillimè consolidantur, etiam jam dum gangrænâ corripi incipientia. Hac destitutus, martiatis liquidis blandioribus, non nimiùm ex solvente adstringentibus, facilè rem conficiet. Multiplicatis verò bolorum adstringentium & pulverum præcipitantium ut & laudanorum mixturis, parùm solatii hauriunt ægri, si non plùs aggravantur; nam in tenaci magmate cum acido pugnantia terrea flatuum & turbarum ingentium sunt potiùs semina quàm levamina, & tandem ita obstruunt, ut cacando animam exhalasse fuisset consultiùs. Tandèm in morborum resolutivorum ordine comparebit nobis ipse *Scorbutus*, & hujus patris peßimæ filiæ *Elephantiasis*, *Psora*, *Lepra*, quorum ortum veteres meliore jure adscripserunt bili cuidam atræ & adustæ (licet ejus sedem malè in liene quæsiverint.) quàm recentiores

res acido obstruenti & mordicanti; quorum nonnulli eò progressi sunt, ut omnem morbum ex acido scorbuticum esse, insulsâ sentiendi libidine, asseverarint. Reverà enim bilis sui salis fixi lixiviosi pondere nimiùm aucta, & hinc ad circulandum inertior reddita, unà cum grassante nimis culinari flammâ, mater est mali scorbutici, succenturiante salsorum & mali succi ciborum diætâ, quam spirituum ardentium usu & aromatum condimento corrigere inconsultò placuit. Inde est, quod nautis, leguminum sale lixivioso abundantium, & carnium salsarum fumoque induratarum cupediis assuetis, & his duræ concoctiónis cibis, spirituum ardentium & piperatorum igne, medelam quærentibus, scorbutus sit familiarissimus. Bilis enim ita aucta salis sui fixi mole, sanguinem, crudiore & salso chylo æquè infectum, stimulat & incidit; usus verò inflammabilium ignem depascentem auget, quo quicquid volatilis & luminosi succi adhuc massæ sanguineæ inest, dispergitur, ac ita sensuum hebetudo membrorumque gravitas, deficiente ultimæ concoctionis pabulo, suboritur, sale interim lixivioso, vi sua caustica & incisiva lymphæ, quæ pauca restat, sese commiscente, ac ita cutem deformante. Et sic circulus sanguinis in scorbuticis fit debilior, non defectu flammantis ignis, nec defectu incidentis bilis lixiviosæ & adustæ, sed defectu absorpti penitùs acidi, & ejecti per ignem salis volatilis, (quod blandi cujusdam acidi vinculis semper in statu naturali stringitur) & tandem lymphæ salibus fixis refertæ ine-

E ptitu-

ptitudine & paucitáte. Quam morbi diffolutivi rationem indicatam ulteriùs confirmant perpetui ferè fudores & exhalationes foetidæ imò infectivæ, depreffus itidem & arefactus, pro durantis mali menfurâ, corporis habitus, pilorum denique effluvium, fale lixiviôfo radicitùs evulforum, ac tandèm medendi ratio experientiâ comprobata: Quamprimùm enim nautæ fcorbutici continentem attingunt, ac ifthîc olerum, pomorum, malorum citriorum & aurantiorum fucco fubacido igni exedenti, & recentium carnium jufculis lymphæ & falis volatilis defectui medelam quærere poffunt, brevi ceffat aggravantis mali fenfus. Sic acidulis in Germania, junctâ boni fucci ciborum diætâ, facillimè fcorbutum folvi in comperto eft; fic & herbarum antifcorbuticarum, becabungæ, fifymbrii aquatici, cochleariæ, cerefolii, acetofæ &c. recenti fucco expreffo carnium recentium jusculis mixto, feliciffimè multos reftitutos memini intra menfis fpatium; nec fpes fefellit id medicamentum in curandis Pforâ & Elephantiafi deformatis, ubi tamen carnem recentem viperarum ad gelatinam decoctam junxiffe vifum fuit, unà cum fulphuris mineralis floribus, acido fuo præpotenti, per humores primarum viarum facilè ab oleofis fuis vinculis feparabili, mirum in modúm falis lixiviofi & flammæ ardentis vim infringentis, & hinc omnibus morbis diffolutivis malignis pariter & lentis, tutiffimum femper & non infimi loci remedium exiftentis. Quæ reftant hujus generis mala (nec enim omnia & fingula fiftere inftituti ratio

MORBUS et MEDICINA.

tio permittit) prudens Medicus facilè suo loco reponet, ut & diversæ originis, sub eodem tamen nomine comparentes, morborum species. Sic *Plegmone*, *& abscessus, pleuresis* verbi gratia: *angina & vomica pulmonis*, item *hæmorrhagiæ* variæ, ut & *cordis palpitationes*, modò ex semine morborum resolutivorum originem trahere possunt, modò ex coagulantium: extravasato nimirum & coarctato sanguine vel ab agitante circulo concitatiore, vel premente in parte aliqua stagnationis incommodo, quod acido interno vel frigori externo originem debet. In quorum cura non ad eundem modulum sapienti procedendum, nisi sibi integrum putet, vitâ hominum artis experimenta redimere. Sic & contusionum & vulnerum curandi ratio temperamenti ad morbos dissolutivos vel tartareos proni indoli præcavere debet: In bilioso enim & volatili satis sanguinis circulo, vulnera & contusiones facilè *Sphacelô* & *gangrænâ* corripiuntur, ob intensam succorum ardendi & resolvendi potentiam, sensationisque animalis vigorem, quô anima exasperata citiùs in parte læsa recedit, & necrosi locum dat. In scorbuticis verò & lentæ bilis subjectis, salis lixiviosi & crassi vitiô, consolidatio retardatur, & vulnera nonnunquam in perpetuæ salsuginis fontes degenerant. Sic prioris sortis biliarii ad *exanthemata, carbunculos, bubones &* acutè pungentes cutis deformitates proni sunt; at posterioris, ad *ulcera cacoëthica fluida*, *herpetes*, & lentas impetigines, superficiem magis deprimentes, quàm in-

flan-

flantes. Quæ non obfervata, præpofteras fæpiùs reddunt Chirurgorum operas, ut eodem medicamine, quo fphacelum, verbi gratia, gangrænam, aut ulcera phagedænica in ferpendo aliquandò fifti legerunt vel deprehenderunt, cancri vel fiftulæ incrementa cohibere annitantur, cùm tamen mala hæc fatis atrocia ex diverfo & contrario humorum fonte procedant, & fic diverfa omninò & contraria inftrumenta medica depofcant.

10. *Morborum coagulantium & tartareorum* ortum & incrementum dat *acidum*, feu *fuccus Pancreaticus* fui domicilii limites excedens, & fenfim bilis balfamum infringens, imò tandem prorfùs deftruens. Cùm ipfum pancreas, & proximè adjacens lienis parenchyma, vitiô redundantis acidi, humore vifcido obftruitur, & acidis receptis exhalationibus intumefcit, oritur *Cachexia*, *Melancholia hypochondriaca*, & naufeofa animæ anxietas, fenfimque deficiente alimento ultimæ concoctionis luminofo, anima, præfentium quafi incuria, defigit cogitationes in objecta triftia, vel præterita, vel ex metu futura, cui malo fuppetias ferunt finiftræ fortunæ eventus inopinati, vel rerum domefticarum anguftiæ, & nonnunquam ad extrema defperationis remedia vitam defatigatam impellunt. Difficilior tùm curatu eft morbus, cujus femina fingulis momentis à fpiritu, ceu mente ipfa, vitæ animali fuppeditantur, ac nifi Chriftianifmi vel veræ philofophiæ præceptis mens iftis laqueis extricetur, & in ftatum ferenum vindicetur, omnis Medici luditur opera; aliàs verò referan-

rantibus & incisivis salinis, ut & absorbentibus acidum, non neglectis iis, quæ bilem restaurare valent, cura feliciter absolvitur. Omninò tamen hic cavendum à spirituum ardentium usu, qui prædominanti jam acido commixti in acetum acerrimum abeunt, & ignem culinarem non ampliùs augent, quod experiri datur affuso in acetum vini spiritu inflammabili, aceti acrimoniam paucis diebus impensè adaucturo. In talibus defunctis deprehenditur hepar, bilis colligendæ officina nobilissima, & ipsa cystis fellis colore nativo spoliata, vel albicans, vel ex viridi nonnunquam fusca, qui color & exemptæ bili sanorum, acido affuso submersæ, facilè inducitur. Iisdem indiciis corpus defunctum ornat, & ex eodem corruptionis fonte procedit *hydrops*, in temperamento tamen succulentiore, & collecto sale salso magis turgido notam exercens. Bilis, & tota massa sanguinea, ab acido & muria sensim destructa, culinarem flammam pabulo spoliant: muria verò stagnans aliàs ab acido magma albicans quodammodò incidit, & haustos, stimulante siti, liquores, in corpus distribuit, qui salsi & acidi liquores, exitum non invenientes per obstructas & induratas renum angustias, tandèm arteriarum ostiola, vasa lymphatica, & angustissimos fibrarum musculorum canales, per quos ad venas circulantis sanguinis fit derivatio, erodunt, & liquidum istud hydropicum inopportuno loco deponunt, ex cujus loci diversitate diversa hydrops sortita est nomina, modò *ascites*, modò *anasarca*, modò *tympanites* &c. audiens,

con-

concomitante ubivis falfum & vifcidum hoc lymphæ ftagnum flatulentiâ quadam ex acidi, falfi & vifcidi, ut & pauci, quod reftat, falis volatilis alcalini reactione fubortâ. Malum iftud cachecticis acceleratur communiter inconfultâ diætâ, nimirum fpirituum ardentium & aromatum ufu, quibus, nonnunquam fuafu ipforum Medicorum, cruditates ftomachi corrigere nituntur, ac intereà acidi fuccrefcentis vires intenfiffimè augent, bilisque officinam obftructionibus funeftis exacerbant. Conqueruntur tunc communiter de dolente calidiore & fcirrhofo hepate, & ajunt, præeunte Medicorum quorundam cantilenâ, frigidum ftomachum curari calidioribus vix poffe, quin medicamentis proximè adjacens hepar infeftetur, nefcientes miferi, quòd calidæ hujus aquæ vitæ hauftu liquoribus fuis glaciem quafi inducant, & flammæ culinaris extinctionem ubivis accelerent, ut demùm ventriculo, æquè ac calidiori hepati concreto gelu pereundum fit. Vidi fanè quàm plurimos, qui frequentato hujus generis potu vitæ, ceu vocant, vel inemendabilis *hydropifis* vel *phtifeos cachecticæ* malum contraxerunt, nec defuerunt his Medici, qui loco medicaminis venenum præfentiffimum ex aromaticis & diureticis calidioribus propinarunt. Malum, præprimis in principiis neglectum, fatis atrox eft, curabile tamen, & aliquoties leviuſculis curatum: paracenthefi verò, nifi fimul origo funditùs internis tollatur, feducitur aqua alveis, evacuatis brevi rurfùs implendis.   Unica, ad felicem curam, Medici intentio fit directa ad reftaurandam

he-

hepatis officinam biliferam, postquam purgante conveniente, & nullius reactionis in humores acidos labe infecto, gravius onus per alvum subduxerit, qua in re *sal* dictum *mirabile* mirabiles reverà effectus edit. Bilem verò & hepar restaurant, acidumque simul retundunt omnia amaricantia: horum maximè balsamica si extrahantur salibus alcalibus tam fixis quàm volatilibus, vicariæ quasi bilis componunt systema, ad miraculum hydropicis proficuum, & bilis succumbentis restaurativum: recolliguntur enim prostratæ vires, & anima suorum instrumentorum rursùs apparatu instructa, coagulationes ex acido facilè dissolvet, succedente copiosissima diuresi, & alvi, si opus fuerit, laxatione. Hac methodo plures liberare, benedicente Deo, contigit. Nec sua laude defraudanda hic sunt sulphura metallorum, præprimis venerjs & antimonii, alcalinorum menstruorum ope collecta, ut & divinæ planè indolis in reparanda officina hepatis, & recolligenda bile cichoreum & rhabarbarum: istud ultimum sufficiente quantitate decocti uvarum corinthiacarum extractum, & ad consistentiam syrupi inspissatum, vel solum omnibus hepatis & bilis defectibus succurrit, etiam scirrhos ejus tractu temporis resolvens. Experturo assertorum comparebit veritas nos ab omni jactantiæ macula facilè absolutura. Ex suppressa bile & redundante acido itidem est *asthma*, tam *humorosum*, visciditate sua thoracem & pulmones obsidens, quàm *convulsivum*, in orificio ventriculi superiore arrodentibus humoribus acidis, miserrimam

mam suffocationis & anxietatis tragœdiam ludens, syncope & lipothymiâ non rarò comitibus, ex consensu nervorum, huc ex nobilissimis partibus derivatorum, oriundis. Vehementia paroxysmorum ut plurimùm augetur repleto cibis stomacho, quia tùm innatans acidum ad orificium attollitur; ac, si fortè superveniat ex contorto motu vomitus, solamen præsens est. In utroque genere asthmatis mirum in modum vacillat recepta nonnullis curandi methodus, dum expectorantibus saccharatis, ceu vocant, & syrupis mellitis acidi viribus nova fermentatione succurrunt, ac malum exasperant. Nil utilius, quàm vomitivo securo, multâ suffusâ aquâ calidâ, stomachum exonerare, ac tùm absorbentibus, & amaris, salibus itidem alcalinis, reliquias supprimere, & novæ collectioni vias præscindere. Si verò in asthmate humoroso expectorantia adhibere è re sit, cavendum omninò à syrupis & saccharatis, infantili palato potiùs, quàm Medico, & ægro ex humoribus lentis, convenientibus: amara balsamica unà cùm floribus sulphuris & benzoïni, alcalino menstruo extracta, & propinata, paucis guttulis plùs expectorant, quàm integræ morsulorum & syruporum libræ, pulveribus expectorantibus, & succis incidentibus gravidæ: vehiculo enim tali, acidi abundantis stabulo, jam vis juncti medicaminis aperientis obtusa est, ac vehiculum ipsum plùs aciditatis constringentis parti affectæ addit, quàm mistum medicamentum adimit. Id quod *asthma convulsivum* molitur in orificio ventriculi, *colica* agit in intestinis subjectis, pro ratione & indole

dole conftringentis & arrodentis acidi, in materia vifcofa flatulenti, remiffa, & intenfa. Cura abfolvitur feliciffimè purgantibus falinis, naturæ mediæ, quale eft jam aliquoties dictum *fal mirabile*, fuccedente tùm falium alcalinorum & amaricantium balfamo. Inconfultè agunt, qui, lancinanti dolori opiatis hic fuccurrere, non verentur; palliant, & majoribus obftructionibus flatuofis materiam ipfo medicamine fubminiftrant. Nec carminativa calidiora femper è re funt decumbentium; quarum vicem fecuriùs fupplet fomentum caloris extrinfeci, vel enema fuccis temperandis correfpondens. *Febrium ex horrore frigoris intermittentium* penitiùs introfpecta indoles fuadet easdem in *coagulantium morborum* numerum reponere; licet enim paroxysmorum, horrore incipientium, & fervore definentium, infultus contrarii evincant, acidi & bilis hîc vigere mutuum dominium, quia tamen primus aggreffor infenfus deprehenditur acidum, tam adventitium, priùs ftomachum ex cibis lædens, quàm pancreaticum, aucto nimis alveo in fuccum nutritium effufum, jus denominandi à potiore nobis non invidebitur. Mira eft febrium harum diverfitas, in quarum nomenclatura danda Medici ferè æquè defudarunt vano conatu, quàm in inveftigandâ ftatis temporibus recurrentium paroxysmorum caufâ genuinâ: Dantur nimirum *quotidianæ, tertianæ, quartanæ*, nonnunquam & *quintanæ* & longioris moræ hoftes: Dividunt rurfus in *nothas* & *genuinas*, in *fimplices, duplices, triplices &c.* ratione anticipantium &

E 5 poftpostponentium paroxysmorum confictas: decumbentes interim omnes pro spuriis & nothis agnoscent, & ex mira ista dispositionis & enumerationis concinnitate vix aliquid levaminis carpent; nec video, cur tanto studio nomina multiplicanda fuerint, cùm ex eodem fonte omnium procedat origo, & magis vel minùs, hodiè vel cras, aliaque accidentia vaga essentiam rei non varient. Meliore jure à solertibus inquisitum est in causas tam frigoris & fervoris, quàm stati, in recurrendo, temporis. Contrariæ sensationis, frigoris nimirum & fervoris, causas genuinas facilè invenerunt ii, qui, pyrotechnia duce & experientiâ comite, didicerunt, quid flammæ obsit, & horroris sensum viventi animali excitet, & quid eam augeat, & ita sensu caloris nimiô affligat: hisque firma hæsit sententia, frigus non posse aliter ex confusione liquorum animalium oriri, quàm prædominante acido, caloris verò intensi incommodum ex superveniente dissolutivæ bilis, flammæ vitalis quasi olei, succursu necessariò dependere; suffulciente sententiam hanc succi pancreatici & bilis in corpore situ, officio ordinario, & naturæ ceu compositionis intimioris genio, per chymiam explorato. Sed periodorum alternatio adeò defatigavit ingenium scrutantium, ut plurimi Medicorum, videntes conjecturarum debilium nexum, ab aliis suppeditatarum, meliore consilio ignorantiam suam ingenuè fateri maluerint, quàm vento difflandam substernere hypothesin. Nec, quæ *Helmontius senior* de *Archæo* suo, ad certum tempus quasi sopito & lassato, postmodùm

verò

verò redintegratis viribus, & concitatis affectibus pugnam cum noxa rursùs ineunte, ad accessuum febrilium explanationem suggerit, extra dubium sunt; licet enim frigoris & caloris sensatio affectio sit vitæ incorruptibilis & spiritualis, quam, si Archæum an animam dixeris, perinde foret; nemo tamen somnum quasi animæ, & recurrentes postmodùm affectuum & sensationum raptus facilè admiserit,in continua mali urgentis præsentia, & materiæ peccantis, ceu vocant, non unà repetitis accessibus & intermissionibus. Sic nec eruditi & expertissimi *Sylvii* conjectura de obstructis ad certum tempus valvulis, in *ductu Virsungino* seu pancreatico, conspicuis, obscuritatis velum adimit, cùm intra pancreatis concavum obstructiones non possint esse sine totius officinæ inflatione, & ipsius succi pancreatici lentore viscido, inepto hactenùs ad subitaneam in duodenum effusionem, & cum chylo in massam sanguineam distributionem, unde flamma culinaris supprimitur, &, facta reactione in alcali volatile, horror excitatur. Malo tamen genio ex consilio agenti rem acceptam ferre nimiùm præceps foret: ergò, conjecturis additam videre conjecturam,non gravabuntur ii, qui rerum causis investigatis se felices putant,& patienter audient, quæ rationi & experientiæ consentanea arbitramur. Putamus, malum febrium cum horrore intermittentium primam originem trahere ex ventriculi pyloro, vel orificio inferiore, fracedine & erodentibus humoribus correpto & corrupto, ac hinc dolorum sensu tumido & indurato : hoc tu-

more

more & duritie ulteriùs corripi, putamus, intestinum duodenum, qua parte carnosius ventriculo committitur, & in se ductum tam *Virsunginum*, quàm *porum* biliarum in unum orificium coëuntes, aliquandò etiam duobus orificiis & valvulis distinctos, recipit. Tumore hoc duodeni orificium istud in tunicis suis inflari & coarctari, & valvulam objectam rigidiùs fissuras claudere, in aprico est; idque maximè in ductu biliario, qui intra membranas validas angusta concavitate obliquè serpit, antequam ductui pancreatico jungatur, & intra duodeni concavum suas dotes effundat; cùm ductus *Virsunginus* rectâ lineâ, & non impedita concavitate sui canalis, in duodenum exeat. Stricto ergò sic utriusque ductus orificio, & premente arctiùs fissuram valvulâ ex tumore rigidâ, sistitur eò usque liquor contentus, donec, repletis nimium vasis, quasi vi cataractas objectas rumpat, & impetuoso gurgite in duodenum se effundat; primas absolvente vices succo pancreatico, ampliore & liberiore canali ad orificium commune derivato, qui frigoris & horroris auctor est genuinus, & subsequente, post certum temporis, quod temperamentum & digestio animalis definit, tractum, bile, novâ & contrariâ vi prioris mixturæ excessum excessivè temperante & æstum concitante. Factâ sic evacuatione utriusque liquoris, orificium rursùs contrahi, ut fuit, nemo non videt, donec nova repletio novam moliatur exinanitionem, & ita periodorum diversas, ex temperamento, & ex vasorum repletione statas leges constituat. Hanc meam de indole febrium intertermittentium sententiam confirmat experientia, ex initiis, progressu, & cura ipsius mali hausta. Dolor quidem & tumor stomachi, suis gradibus distinctus, & ex sensus inferioris orificii fervore resultans sitis mendosa, decumbentibus in confesso est: & paroxismorum postpositio, ut & quotidianæ in tertianam, & hujus in quantanam mutatio, augescentis mali indicium meritò creditur, quia designat tam rigidi tumoris incrementum, quàm digestionis, ex qua colliguntur humores dicti fermentativi, bilis & succus pancreaticus, decrementum, & ignis culinaris flammam remissiorem. Hinc, quòd quidam arbitrentur, bonâ naturæ crisi per aliquod tempus posse grassari febrem, nec illicò sistendam esse, ridiculum est; cùm febris non tam inveniat noxam in humoribus, quàm inferat, ex excedente confusione dictorum liquorum, vi quasi retardatorum, & ex claustris suis erumpentium: quò diutiùs ergò duraverit febris, eò magis turbabitur crasis totius officinæ animalis, & corrupto demùm ceu suppresso alterutro humorum fermentativorum, ut alteri in emaciato per continuam luctam corpore dominium obtingat, cachexia, phtisis, hydrops, vel febris hectica, adventantis mortis funestiores nuncii febre ipsa, erunt protractæ in curando moræ redhostimenta. Sed felix demùm curandi methodus datam hypothesin evidentiùs stabiliet. Post subductam enim ex stomacho, si conditio ægri permiserit, per vomitum, vel digestivorum salium ope incisam, & per inferiora repurgatam saburram, nil præsentiùs fugandis febribus

ope-

operam navat, quàm ſtomachicorum, balſamicorum amarorum, emollientium, & ſulphurum mineralium, ſemper anodynorum, præprimis martis & antimonii, concentus. Imò ſoli flores hæmatitis, qui totus, quantus eſt, minera martis eſt, ſale armoniaco elevati, & convenienter exhibiti, ſat ſtrenui febrium domitores reperientur, ob vim, qua pollent, inciſivam & ſimul anodynam, aptam duritiem pylori ſolvere, & blando fotu in ordinem redigere, quo facto, tota febris cauſa ſublata eſt, præprimis ſi principiis illicò obſtiterit Medicus, nec conſultum duxerit, quintum vel ſextum expectare paroxyſmum. Non poſſum, quin hic in commodum proximi, & in demonſtrationem aſſertæ hypotheſeos communicem medicamentum, quo omnes omninò febres intermittentes, unica ſaltem adminiſtrata doſi, ſolutas eſſe ſæpiſſimè comperi, & quidem operatione ſatis mirabili; ſomno enim corripiebantur decumbentes, & protracta per horas nonnunquam quindecim dulci quiete, floreſcente & vivido faciei colore conſpicua, fruſtrantes paroxyſmum ſani reſurgebant, de non recurſuro hoſte ſecuri. Eâdem ſtupendâ vi ſomniferâ in ægrotis, cùm ſanis nullum omninò ſomnum inducat, ſopivit convulſionum miſerandarum tragœdiam, qua æger libero aëre quaſi ſuſpendebatur, mentis & ſenſuum, etiam extra paroxiſmum, impos, & creditos à cacodæmone agi: inducto enim ſomno triginta horarum incolumem ſtitit ægrum, loquela & intellectu ſimul redintegratis, & omnibus Medicis, qui operam locaverant, una
cum

cum præsentibus aliis quasi attonitis, ac tùm de veritate lapidis philosophici & medicinæ universalis ferè persuasis, licet vilissimum & abjectum Pharmacopœis fuerit medicamentum; patientibus tamen manibus elaboratum: cujus sapori grato & aromatico si corresponderet odoris gravè penetrantis conditio, esset equidem unum ex omnibus, quo maxima morborum coagulantium pars uno quasi ictu, citò, tutò & jucundè amputari posset. Est istud oleum destillatum, & separatum à suo sale, ex animalis partibus quibuscunque, ex cornuta sine ullius rei additione eò usque rectificatum, donec nil adustarum fæcum nigrarum ampliùs in fundo relinquat, quod vel quindecim ad minimum repetitionibus obtinetur. Istud, inquam, oleum 30. vel 40. guttarum pondere ante paroxysmum jejuno stomacho exhibitum, somno dulci & de nulla narcosi suspecto, febres sepelit; nulla alia de causa, quàm quòd anodyna vi dolentem ventriculum soletur, ac penetrante incisione tumorem pylori emolliat, sicque coarctatis bilis & succi pancreatici ductibus viam liberam aperiat, naturali lege rursùs coëundi, ac munera destinata subeundi. Ut vel hoc uno remedio opinio mea de ortu periodorum febrilium probabilis satis evadat, ac inextricabilis difficultatis nodus videatur jam satis solutus, qui Ethnicos adegit, febris originem extra naturam rerum corporalium quærere, ac febrem ipsam, tanquam Vejovis cujusdam ministram vindicem, religioso cultu placare. *Lithiasis, arthritis vaga*, & *fixa* sub *podagræ* nomine ubivis lugubres planctus
exci-

excitans, ejusdem sunt originis, & extrà dubium ex coagulantium & tartareorum morborum numero; oriuntur autem ab acido tenui & volatili, quod, salvis adhuc & vigentibus concoctionis & digestionis organis primariis, massam sanguinis subintrat, ac isthic, ob circuli concitatioris vim & ignis culinaris flabellum, vix locum reperiens, in aliis demùm partibus coagulationis nequitiam exercet, pro ratione stabuli dolorem vehementem, remissiorem, vel nullum inducens, & varios morbos sistens. Si per emulgentes in vasa urinaria derivetur, arripit tunicam eorum interiorem mucosam, ac partes avulsas in sabuli & calculi duritiem coarctat. Si fortè intrà musculorum & membranæ carnosæ contiguitates locum sibi figat, ex humore glutinoso novas & insolitas conglobat glandulas & nodos, omnis ferè doloris expertes, ac in mirum quandoque pondus excrescentes, sub *gangliorum, meliceridum, steatomatum* & *polyporum* nomine conspicuos, nobis hic sub generali lithiaseos appellatione meritò indicandos; sin autem in officinam cerebri propellatur, atque inde nervorum canales subintrans ex molli horum pulpa lapillos tenues fabricet, maximâ indignatione & dolore corripitur anima, in officina nimirum nobilissima officio suo turbata: qui lapilli tenuiores, quò ad vehiculo humido adhuc innatanti & volvuntur, arthritidis vagæ dolores exhibent, coarctati verò & impediti circa articulorum ligamenta dolori podagrico & inflammationibus horrendis fomitem subministrant, tandèmdèmque nervorum compagem rumpunt, ac in nodorum cretaceorum cumulum coacervantur. Origo hæc indicata malorum, satis hactenùs occultorum, & indomitorum, patebit evidentiùs, si causæ occasionales horum morborum externæ expendantur: accrescunt nimirum mala enumerata cibis & potibus calidioribus, qui omnes scatent, explorante chymiâ, acido volatili, ac simùl oleositate sua inflammabili officinæ animalis ignem augent. Exacerbantur affectu iræ, quia, concitato per hunc affectum sanguinis & ignis culinaris circulo, acidum innatans abundantiùs propellitur, & in locum affectum exoneratur. Obest frigus externum intensius, quia hôc humores viscidi magis inspissantur, ac sic coagulanti acido abundantior & aptior substernitur materia. Nocet impensè venus, quia, emulso semine succo nervorum scatente, affluxus tenuoris & luminosi ultimæ concoctionis pabuli ad genitalia acceleratur, ac, subductâ ita optimâ & liquidissimâ substantiâ, tenacis mucoris fæculentia fixiores agit radices, acidoque coagulanti levissimo negotio tartarum adauget. Ut taceam, quòd diffusâ ita & profusâ spirituum animalium & atmosphæræ lucidæ pretiosâ suppellectile, glandularum & vasorum lymphaticorum succus acidus, ex captura hujus atmosphæræ singulis momentis temperandus, necessariò in acetum acrius abeat, & in omnibus humoribus per consequens acidi coagulantis vires redintegret. Puto, hæc satis sibi cohærere, & morborum horum originem & progressum mediocri ingenio ad ocu-

F   lum

lum exponere. Nec enim, quæ *Helmontius*, ex confusis spiritus vini & urinæ liquoribus, in cryftallum concrescentibus, ad explicandam calculi genesin depromit, undique rei substratæ applicari possunt, cùm, salinum compositum in fluido lotii sero concrescere, impossibile sit, & resolutio calculi chymica terrei lentoris ab acido coagulati oftendat abundantes reliquias, ac adeò Viri hujus eruditissimi nimium consequentias nectendi pruritum, & præceps nonnunquam novitatis studium satis arguat. Cura optimè perficitur medicamentis à cognita morbi causa indicatis: nimirum resolventibus alcalinis sulphurum anodynorum metallicorum connubio felicibus; hæc enim lentorem incidunt, acidum temperant, & dolores sedant, sine ullius orgasmi & fervoris sanguinis metu, nec more opiatorum, pessimo consilio adhibitorum, in sedando dolore sensuum & optimæ officinæ organa defoedant. Oleum insuper allegatum ex animali prosapia somniferum mirificè hîc suas explicabit dotes, tam intrinsecùs assumtum, quàm topicè illitum; quamquam hujus vices commodiùs suppleverit sapo quidam chymicus, ex tinctura alcalina veneris & antimonii, & oleo juniperino lege artis compositus, stupendæ efficaciæ tam in sedando dolore, quàm in resolvendo tartaro, falsam reddens omninò hypothesin de incurabili nodosâ podagrâ: podagram enim nodosam in patiente morigero solvimus triginta ad minimum annos natam, & in cubitorum juncturis vel ovi mediocris magnitudine conspicuam, sed tractu trimestris temporis,
& ap-

& applicatis tam internis quàm topicis, ut & ordinatâ diætâ, quam è re videbamus esse, & obsecundante in omnibus illo, cujus res apprimè agebatur. A causim asserere, nodosâ patientium consuetudine tantùm podagram nodosam fieri incurabilem: si enim isti Heroës priùs devicerint gulæ, vini & hujus generis avidæ ut & iræ & libidinis consuetudine stabilitas tricas, Medico inexplicabiles, non deërit Medico gladius, quo nodum podagræ solvat, nodosa aliàs animi obstinati, & dejecti sub sensuum servitium, intemperie semper de novo nectendum. Vidi sanè homines benè consultis obtemperantes, qui exquisitâ diætâ ciborum boni succi, & humectantium, temperatorum, & acidum temperantium, sine ullius medicaminis adjumento, anni spatio nodosam podagram solvere, nodis cretaceis ultrò excidentibus, & triumphato omni paroxysmorum incommodo. Nec diffido, eadem methodo, adhibitis præprimis congruis medicamentis, calculum Vesicæ, quem, ceu solvi nescium, gladio chirurgico illico petunt, tractu temporis contritum & solutum iri; cùm, quod præter naturam concrevit ex humorum intemperie, rursus in officina animali restaurata dissolvi posse, ratio sana evincat, cui patet, & ipso calculo solidiora multùm & duriora, ab animalibus devorata, quotidie resolvi; nasci etiam gangliorum nodos subcutaneos, ad ossium instar duros, & facilè sine cultro Chirurgi rursus dissolubiles. Consultum saltèm putabunt, experiri hujus asserti veritatem, qui convicti experientiâ norunt, per manus Chirurgi maximo vitæ peri-

periculo quidem eximi poffe calculum, fed non adimi regerminaturi calculi femen, quod depletos loculos communiter priftino onere infarcit, & novis violentorum remediorum cruciatibus locum relinquit. In temperamento lento & humidiori idem acidum volatile cerebri officinam occupans producit *apoplexiam, epilepfiam* & *paralyfin,* ut & *fpafmum ex nimia repletione* oriundum, ad differentiam illius fpafmi, qui in emaciatis & arefactis febri corporibus ex defectu lymphæ & ex nimia *inanitione* producitur, præcipiti nimiùm judicio ab *Hippocrate* lethalis dictus. Impeditur nempè affluxu inertium humorum fpirituum animalium in concoctione ultimâ generatio, &, fuccedente acido volatili, id quod reftat variis obftructionibus fubjicitur; quas obftructiones anima indignata amoliri intendens, convulfivorum motuum adhibet remedium, ac ita paroxyfmo epileptico, vel fpasmatico, nonnunquam rem intentam conficit, ac fui ipfius medicatrix evadit. Occafionem talium paroxysmorum externam, feu adventitiam, fuppeditant non rarò iræ ac timoris attoniti affectus, & animi impetus, vel concitantes, vel conftringentes ulteriùs humorum lentorum fluxum, ut & phafes novi & plenilunii, quo tempore omnes animalis officinæ humores augeri & intumefcere, experientiâ conftat, quod in caufa fuit, ut dicerentur *lunatici* tali morbo correpti. Quod fi verò obftructionis fubitaneæ violentia motu convulfivo diffolvi amplius non poffit, *apoplexia* in promtu eft, vel totalis vel partialis, quâ anima, deftituta at-

mo-

MORBUS ET MEDICINA.

mosphærâ sensuum lucidâ, à sensatione & motu locali, vel ubi vis, vel in parte obstructa, recedit, non cessante interim flammæ culinaris & sanguinis, debili licet, circulo, & remanente spe tollendi aliquandò impedimenti; sin autem una nervi ad cor & orificium ventriculi propagati obstructionis vitio corripiantur, quod, ob caloris & continui motus beneficium, non nisi in extremo apoplexiæ gradu evenire potest, omninò recedit è sua culina indignata & nauseabunda anima, ac, sistens respirationis flabellum, ignem culinarem suffocat, corpusque morti & dissolutioni relinquit. Si denique ex abundantia lymphæ, & penuriâ ignis culinaris, ut & spirituum animalium exili supellectile, tendines musculorum & ligamenta, instrumenta & bases locomotivæ, nimirum ossa, constringentia & obfirmantia nimium laxentur & inepta reddantur, quiescit anima à locali motu naturali, & sensationi utcunque adhuc vacat, unde *paralysis*. *Contractura* autem, seu *spasmus ex inanitione fixus*, ex consumtione humidi potiùs deducendus est, & alius morbi deprehenditur productum & symptoma, cujus curandi ratio ex suprà dictis facilè patebit, prout priùs constiterit Medico, an calori resolventi & depopulanti, an verò constringenti acido Saturnino cachectico malum hoc acceptum ferendum sit. Hanc de naturalium causarum nexu morborum horum atrocissimorum sententiam non eò rapi velim, quasi, nunquam aliquid spiritualis malitiæ & violentiæ diabolicæ immisceri posse, persuasus sim, aut scripturæ, convulsionum diabolicarum tragœdiam in historia evangelica enarrantis, fidem infringere præsumam, tantum enim absum ab hac insulsa philosophia, ceu satis constitit, ut omnem motum localem corporis unicè vitæ spirituali & incorruptibili adscribendum putem, ac, adscribendum omninò esse, infrà mathematicè demonstrare adhuc destinaverim. Cura horum morborum impossibilis non est, nec adeò difficilis, si principiis obviàm eatur. Conducunt, præter ea omnia, quæ præcedentis immediatè paragraphi *arthriticis malis* opposuimus, hîc apprimè vomitus, & purgatio per alvum, ad imminuendum humorum lentorum onus; conducunt insuper aromatica calida & analeptica odorifera, si sexus sequior, uteri simùl strangulationibus & motibus epilepticis obnoxius, ferre queat; ac denique maximè curam felicem accelerant extrinsecùs caloris sensu affligentia, & capitis rasi cutem vi caustica arrodentia, qualia & spinali medullæ applicari convenit: anima enim doloris sensu in loco obstructo irritata, & vires omnes in hostem adventitium colligens, per accidens lentos humores dissipat & obstructionem tollit. Non narro fabulas, sed rem multiplici experientiâ comprobatam, adeò, ut vel una nocte epilepticus, mutus, sensuum inops, & memoriæ impotens, cauterio tali potentiali, capiti & spinali medullæ applicato, sit quasi è mortis faucibus ereptus, & paucis diebus integræ sanitati restitutus, quem parentes & agnati abjecerant, & cui mortem, ceu unicum mali remedium, apprecabantur. Idem senserunt levamen, non una vice a-

po-

poplexiâ tacti. Paralysis autem simplex, ut & membrorum atrophia, vel solo suprà indicato sapone brevissimo tempore facessere jubentur. Cui experiri volupe sit, mirabitur ingentes horum medicamentorum dotes, & forté candorem nostræ liberalitatis, in bonum publicum erogantis ea, quæ lucri cupiditas aliàs omni studio occultanda, aut, ut gloriæ captandæ non omninò desit locus, apparatu sermonis ænigmatico, ne Oedipo quidem propalanda judicat. Reliquum morborum coagulantium sistere, prohibent stati dissertationis limites, & dicta facilè cuivis mediocriter scientiâ medicâ tincto ad cognoscendum aliorum morborum genium viam aperient. Locus forté adhuc dandus fuisset ignominiosis generi humano, ne dicam Christianismo, *morbis venereis*, partim ex tumentibus acido glandulis, quibus violento & pudendo exercitio atmosphæra spirituum animalium lucida subducitur, partim à putrido & resolutivo scorbuto, ex bile & sanguine, æstu tali sale volatili privatis, orto, oriundis, quibus endemicè ubivis grassantibus hactenùs decocto lignorum, & resolutiva salivatione, medela quæsita est; sed præstat, relinquere putrida, & medicamine suppeditato peccandi consuetudinem non fovere. Id saltèm in transitu indicandum puto, temperamentis acido peccante gravatis non facilè metuendum de peste & aliis resolutivis infectivis, nec facilè eadem infestari pustulis & deformitatibus subcutaneis, nisi forté glandulæ acido graviore & fixiore onerentur, idque alicubi, ruptis & erosis repagulis, effundant; tùm verò oriuntur ingentium dolorum, & callosarum protuberantiarum carcinomata, cancri, fistulæ &c. quibus ferro & igne succurrere hactenus consuetudo obtinuit, aut, præpostero molimine, acidis erodentibus mali serpentis circulum admodum promovere. In faucibus (quod, ob glandularum multitudinem, sæpius accidit) si hæreat malum, curatu difficillimum est, ob continuum affluxum salivæ, humore suo acidiusculo omnem topicorum efficaciam diluentis; aliàs in tempore adhibita cura Medici naturalium periti demonstrat, malè hic, dimissis pharmacis, extrema ab Hippocrate insinuata remedia in auxilium vocari, quæ quidem, ob dilatatas mali radices, plerumque frustranea sunt, regerminante nempè nova propagine, & monstrosâ hydrâ abscissi capitis truncum, restauratis diris faucibus, brevi supplente. Ac pharmaco demùm restitutos novi nonnullos, quibus per quatuor & plures annos ferratæ & corrosivis ignitæ Chirurgorum manus, bis vel ter repetitis incisionibus & inustionibus, ex dolore dolores & ex cancro cancros fecerunt; nec defuit confusæ impudentiæ effugium, factâ consolidatione, carcinoma fuisse pernegantis, licet id, ut tale, adhibitis etiam omnibus tormentis inexpugnatum, ipsimet declararint, ac frustratis omnibus suæ artis remediis satis senserint. Quis enim putaret, Chirurgorum & Doctorum selectissimorum conventum tot annos frustrari posse in curando anthrace, vel nodo quodam glandulari adventitio, doloris experte, & quis etiam methodum adhibitam excusaverit, si non ex eorum

sen-

sententia carcinoma fuerit ferro & igne detruncandum? Tantum confusionis invexit axioma, quo artis medicæ penuriam occultare, & suæ æstimationi, non rei veritati prospicere sategerunt præcipites regularum fabricatores: nam definito prius, *quod carcinoma per pharmacum sit incurabile*, & declarante omnium Medicorum & Chirurgorum ore, patientem hunc vel illum decumbere carcinomate, facta demùm restitutione ægri, pernegabunt omnes, carcinoma fuisse, *quia pharmaco curatum sit*. Regulas ergò deducunt non ex rebus & experientia, sed ipsam rei veritatem & experientiam suis regulis constringere & evanidam reddere audent, quô quid effrænius & impudentius fingi possit, non video. Et hæc quidem, de præcipuorum morborum origine, differentiâ & curandi methodo, ex propositi filo deduxisse, sufficiant.

11. Ex dictis ultrò liquet, quantum expediat, artis chymicæ beneficio devenire in causas tam morborum, quàm in indolem applicandorum medicaminum, eorumque præparationem genuinam, quâ ipsius animæ, variis solutionibus & depurationibus, ignis & liquorum solventium adjumento, suum cibum decoquentis indefessum studium sublevatur, & talis medicina exhibetur, cui resolvendæ & à fæcibus separandæ non novus deposcitur labor, & quæ se liquoribus officinæ animalis blando conjugio immiscet, ac defectum instrumentorum labantium commodùm resarcit. Sed, anne Chymiæ secretioris conatus in præparando medicamine

ne unico, omnibus enumeratis morbis succursuro, non vanus & nugatorius dicendus sit? non abs re quæreretur; cum tantis buccinis deprædicetur à multis Viris, eruditione & rerum experientia conspicuis, universalis lapidis, ceu vocant, Philosophici virtus medica, tantis itidem absurditatibus & dicteriis à non infimæ sortis Medicis oneretur incomprehensibilis rei hypothesis, adductis utrinque rationibus, quæ faciles, pro studii indole, inveniunt applausores. Ex nostra quidem partitione, qua omnes omninò morbos à resolvente nimium, vel constringente principio (suffulti, ut opinamur, rationibus ex totius naturæ & ex ipsius œconomiæ animalis apparatu depromtis) deduximus, ad binarium numerum utcunque reduci posse infinitorum ferè medicamentorum farraginem, in aprico est, si utriusque generis optimum & efficacissimum ad summum puritatis & activitatis gradum lege artis exaltatum fuerit; sed quî diversa hæc & contrariæ in operando indolis medicamenta bina in unum coïre possint, salvâ in utramque partem agendi potentiâ, intellectu videtur impossibile, ac si istud fortè comprehendi ab artis perito queat, omninò inutile & ridiculum deprehendetur in restituendo ægro, cui nimirum vel dissolvendo vel constringendo molestum sit oportet, quia in utramque partem aculeos dirigere, aptum natum est; cùm unus intereà morbus unum requirat medicamen extirpando semini morbifico contrarium, & ægræ animæ amicum. Sed nodo huic duro non deërit omninò gladius solvendo, si æquus rerum æstimator, & naturæ

turæ metallicæ non imperitus expendat vim & indolem anodynam, quâ metalla, præprimis omnium fixissimum & solidissimum, aurum, fluctuantes & nimia dissolutione errantes humores colligunt, ac sub suam sphæram coarctant, ut exinde blando obducto somno & suavi requie anima demulceri, ac destinata sibi munera non impedita rursus subire queat: agunt enim id non constringendo vasa, neque coagulando nimiùm fluida, neque narcotico frigore ignem culinarem, & atmosphæram spirituum animalium lucidam obnubilando, quibus dotibus mortiferis opium suo officio fungitur; sed flammam culinarem, pabulo, grato quidem, sed incorruptibili & non dissipabili, satiando, ac infenso tum temporis animæ hosti talem offam objiciendo, cui masticandæ & deglutiendæ mora impendenda, & quæ ipsa igneum istum furorem suis retibus implicare & captivare apta est; quod ex phosphori, ceu resuscitati ignis animalis, & auri connubio artis peritis facilè constare poterit: Stato igitur hujus grassatoris & concitati motoris impetu excessivo, transpiratio nimia lymphæ & spirituum nobilium ultrò facessit, animaque potitur rursùs vehiculis & instrumentis, quibus noxam eliminare, & confusa in ordinem redigere queat, sui ipsius sat perita & valida medicatrix. Demus ergò, istud aurum solvi radicaliter in liquore omnium *medicamentorum dissolventium* potentissimo, & ad eum puritatis gradum deducto, qui cum ultimæ concoctionis animalis cibo luminoso symbolizet; istumque liquorem luminosum & subtilissimum virtute

ipsius

ipsius auri collectiva, & artis adminiculo per diutinam circulationem in fixam substantiam salinam,
& omnibus liquoribus miscibilem, rursùs constringi (quod posse fieri, nec rationi nec artis experientiæ repugnat) præstò erit medicamentum omnibus nodis dissolvendis, & omnibus orgasmis sisten-
dis aptissimum : nam nec dissolutiva & incisiva virtus ita amittitur, nec colligendi liquores fugitivos
& captivandi flammam culinarem potestas auri
definit, nec operatio contraria sibi impedimento
est, cùm, quantum collectiva vis anodyna suo muneri vacat, tantum incisiva solventis virtus, nunc
multò auctior & stabilior, quia fixior & exhalatio-
ni minùs obnoxia, totum liquorum animalium circulum pererret, ac omnia officinæ instrumenta a-
nimæ illibata sistat. Ut taceam vim auri genialem
& specificam in refocillando & illuminando omnium analepticorum, ambræ, zibethi, moschi, perla-
rum & coralliorum concursum multis passibus
transcendentem, quâ reverâ in microcosmo vices
solis macrocosmi subit, & hinc optimo jure à sapientiæ antiquæ alumnis Solis symbolo donatur.
Scio equidem hæc minùs nostris corpuscularibus
arrissura, qui nullas spirituales dotes corporum admittunt, & omnia particularum mathematicarum
circulis & angulis vindicant, in explicandis naturæ
dotibus; sed scio simul, socordem negligentiam &
rerum chymicarum imperitiam tales ipsis suppedi-
tasse hypotheses, illicò in auras abituras, si vel pri-
moribus labris degustassent saltèm metallorum dotes geniales, ope Chymiæ in apricum deductas. Metalla

MORBUS ET MEDICINA.

talla nimirum, omnis odoris & faporis, fibi dum relinquuntur, expertia, igne liquabilia, malleo ductibilia, ope tandem unius ignis vel in calcem vel in vitrum redacta, & eodem liquore folvente refoluta, verbi gratia aurum, argentum, ferrum, cuprum, plumbum, ftannum, depromentfapores, odores, & operationes medicas contrarias & diverfiffimas. Dicent, fine dubio, ex figuris particularum componentium diverfis hanc oriri diverfitatem; fed, fi ita fit, unde idem folvens homogeneum, & in fe ex certæ configurationis particulis conftans, aptum eft, diverfas & contrarias particulas eodem modo dislocare, & fub tranfparentis liquoris forma fibi unire? Id fanè fi mathematicè demonftraverint, erunt mihi magni Apollines: præprimis, fi nova quæftione urgeantur: quare nimirum hic liquor folvens corpus hoc folidiffimum, verbi gratia, aurum diffolvas, & argentum cum Mercurio vivo, minoris foliditatis corpora, intacta relinquat, cùm gravitas, homogeneïtas & puritas horum corporum ferè eadem fit, & particularum figura & cohærentia non adeò, per confequens, diverfa. Hîc fanè ex hypothefi regerant, oportet, oriri difcrimen ex diverfitate particularum folventis aquæ regiæ, & folvendorum corporum; fed fic, per confequens, unum folvens non poterit folvere nifi corpora texturâ particularum tam menftruo, quàm fibi ipfis correfpondentia; ergò, fi unum menftruum folvat omnia metalla, evictum eft, metalla effe in fuis particulis componentibus ejusdem configurationis, aut, fi hoc non admittatur, falfa & ridicula
eft

est ratio suppeditata in problemate secundo, aquam nempe regiam non solvere argentum & hydrargyrum, ob texturæ utriusque diversitatem. Ut taceam, quòd agendi modus, quo solvens liquidum corpus solidissimum, & in omni ignis culinaris dissolventis tortura indomitum, discerpit, & sibi per minima innatare facit, nostris corpuscularibus ex mathesis hypothesibus sit inconceptibilis, multo minus demonstrabilis: quascunque enim sibi fingant acutas & mucronatas menstrui particulas, & quàm amplos sibi statuant auri solidissimi poros, quibus mucrones intromittantur; hærebit quæstio, quo pondere cunei in findendum aurum adigantur, & si cuneus cuneum aëris beneficio premere dicendus sit, cessabit omninò dissolutio, quæ potiùs ex calida rarefactione quàm compressione menstrui, ceu patet ad oculum, locum sortitur, partibus abrasis illicò in circulum agitati confuse solventis absorbtis; ergò dicendum erit, prunas suppositas vi caloris cuneos & mucrones in corpus solidissimum impingere, & ita motu circulari atterere, agendi modo in tantum comprehensibili; sed & id suos patitur manes, cùm, antequam menstruum ignem sentiat, in frigido adhuc in corpus discerpendum agat: unde quæso hîc motus, cuneorum director, & unde motûs in frigore incrementum, eò usque in quibusdam metallis productum, ut calida inde vitra vix manibus tenere queas? Cunei certè à corpore solidissimo findendo non moveri poterunt, sed sisti potiùs in motu, poris corporis implicati, nec motus ab initio remissior concitatio-

MORBUS ET MEDICINA. 95

tatioris motûs per mathefeos leges auctor effe poterit; cùm motus, ab agente fortiori primo corporibus mobilibus impreffus & communicatus, in progreffus fui tractu non augeatur, fed pededentim minuatur, & nova intervenientia mobilia femper tangentis prioris impetum reactione fua infringant. Sic, cùm pilas multas in canale quodam certâ diftantiâ difpofitas, adactâ primâ ad fecundam, impellis, fecunda feriet tertiam, tertia quartam, fed motu & impetu femper in progreffu debiliori, & tandem prorfus languefcente & definente. Ut proinde mathematicâ evidentiâ homini fano pateat, motum tam ignis culinaris, quàm ignium potentialium, liquorum nimirum folventium, appofitione corporum folidorum, & infringentium aliàs motum, ex fe ipfo in progreffu auctum & concitatiorem, nullatenùs effe mathematicum, à figurali corporum contactu dependentem, fed vitalem & fpiritualem, affectu cujusdam famis & defiderii concitatum. Ac ego quidem *Magnum* noftrum *Coum*, ignem fenfu & intellectu præditum effe, afferentem, ut & Perfas *Solem* & ejus fobolem *ignem*, in defectu cognitionis veri Dei, religiofo cultu venerantes, adeò infipidos fapientes non dixerim, ac deprehenduntur nonnulli fuperciliofi & fuperficiarii noftri temporis operum divinorum & naturalium fcrutatores, qui, dum omnia fe in promptu habere credunt, ipfis talpis deprehenduntur magis cæci, fi præftratæ hypothefeos & fidei philofophicæ articuli rationem reddere jubeantur; nam ne quidem principium motus mathematici

tici unquam invenient, ceu posteà videbimus, in quo explanando omnis mathefeos apparatus non evanefcat: cùm gravitas, durities, aëris rarefactio, compreffio, motus ignei caloris & animalis viventis, quibus demùm præfuppofitis Mathefis & animal mathematicum inftrumenta fua determinatis numeris & figuris jungit, affectiones fint Mathematico nunquàm introfpectæ, nec in æternum ex natura corporis deducendæ. Sed redeamus in orbitam demonftrationum medicarum. Soluta ita in eodem liquore folvente metalla fingula (nam, omnia in eodem poffe folvi, per experientiam conftat) oftendent effectus, ex demonftratis, nullô modô corporum texturæ debitos. *Plumbum*, quod *Saturnum* non fine ratione dixerunt veteres, impenfè refrigerabit ac languidos reddet omnes venerei appetitus ftimulos, vel ore hauftum, vel genitalibus applicatum; adeò, ut illæfa fanitate, vel integer annus elabatur fine ullius tentiginis fenfu, vel brevius etiam & longius tempus, pro quantitate applicati medicaminis. *Stannum*, quod ob ingenii indolem *Jovem* nuncuparunt, temperando calori exceffivo, & humectando corpori operam eximiam navat, eaque de caufa *anthecticum* præftantiffimum deprehenditur, non tamen adeò, ac faturnus, foboli procreandæ inimicum eft. *Cuprum*, quod *Veneri* facrum effe voluerunt, affumtum fortè vomitum movebit, ob conftrictivam facultatem in corrugando ventriculo explicatam, fed interià calefaciendo, vel potiùs fpiritus animales & fubtiliffimum quodvis colligendo, pudendæ
titil-

titillationis incitamentum erit maximum. *Ferrum*, quod *Marti* dicarunt, ejusdem cum cupro ferè est efficaciæ, nisi quòd fortiori adstrictione plus roboris inducat, ac ita colligendo humores exhalantes optimos, circulum in vasibus liquidiorem reddat, & sic simul tenacissimis vasum tenuium obstructionibus felicissimè medeatur. *Hydrargyrum*, quod fugaci ac versipelli *Mercurio* assimilarunt, nisi magno negotio ad fixitatem, & sic ad indolem ipsius auri perductum sit, ingentium turbarum dissolutivarum est seminarium, ac, nisi modicè adhibeatur, totius animalis compagem dissolvere aptum natum est. Vidi sanè cadaver ex apoplexia diliri, quem aliàs non infimæ eruditionis & notæ Medicus per salivationem crebriùs repetitam ad sensus fixiores reducere intendebat, adeò fluidum & dissolutum ex medicamine, ut, ossa sine magno negotio manibus conterere, integrum fuisset, totius massæ sanguineæ & musculorum colore rubro sub pallidæ lymphæ stagno occultato. Unde & heroibus nostris, salivatione aliquoties despumatis, tandem ossa ipsa spongiosis tuberculis & tophis medullam quasi exspuere deprehenduntur, non tam morbi, quàm medicaminis adhibiti fructibus. *Argentum*, quod *Lunæ* subjecerunt, lunares omninò ostendit vires in colligenda & augenda lympha tenuiore, & in temperando calore depopulante, prodest ergò impensè *Phreneticis* & *Maniacis*, & nonnullis, quibus ex nimio calore & nervorum siccitate, convulsiones spasmaticæ, epilepsiam communem æmulantes, & facietenus repræsentantes,

G   oriun-

oriuntur: ac sic per accidens itidem non contemnendam navat operam in subducendo hydropis onere, quia, collecta copiosiore lympha tenui, acido-salsum hydropicorum stagnum excipit, & fluidius reddit, quò faciliùs ab anima expelli possit. *Aurum* denique, *Sol Philosophorum* pariter ac reliquorum omnium (nam in lumine & splendore ejus ubique exultatur) omnes metallorum perfectiones sub suam sphæram contraxisse, vel potiùs, ceu sol inter planetas, reliquis communicasse videtur, quicquid boni possident. Hujus claustra firma qui rumpere, & salutari lavacro dotes congenitas excipere, compos erit, reverà *Jason,* ceu *Medicus* monstrorum domitor evadet; sed comite *Hercule* expeditio *Colchica* suscipienda veniet, nec laborum impatiens *aurei velleris* spolia, & juventutem Æsoni restituentia *Medeæ* medicamenta unquam deportaverit. Plura adhuc, & ferè innumera, circa metalla & mineralia in conspectum veniunt, quæ ex textura particularum, & motu mathematico explicari nequeunt. *Saturni* & *Martis* tanta deprehenditur inimicitia, ut, licet in eodem solvente seorsim soluti sint, confusi maximas turbas excitent, & nonnunquam flammas fundant; neque in igne aperto confundi poterunt, etiam intensissimo, quin Mars peculiarem sibi capiat locum. Sic & Jupiter in igne intensiore non patitur Saturni connubium, sed collectus in cineres è profundis liquefacti plumbi emergit, & superficiëi innatat. Sunt, ceu dictum est, liquores solventes varii generis, qui itidem insignem ostendunt sympathiam, &

anti-

antipathiam in metalla solvenda. Acidum sulphuris mineralis, vel ex sulphure inflammabili vel ex vitriolis & aluminibus collectum, amico amplexu solvit Lunam, Mercurium, Martem, Venerem, Jovem; sed plumbum aversatur & aurum intactum relinquit. Spiritus nitri, seu aqua fortis solvit omnia, præter aurum. Spiritus salis communis Martem, Venerem, Jovem & Saturnum solvit: aurum, Lunam & Mercurium respuit; aurum tamen, si pauco spiritus nitri affuso, vel quarta sui parte salis armoniaci duplicetur, viribus auctus devorat. Ex mixtura horum liquorum rursùs varia emergit in solvendo diversitas, ut & ex combinatione salium quorundam. Sal armoniacum, & sublimatus Mercurius, aquâ dissoluta simul, &, abstractâ aquâ, in sal fusibile redacta, exhibent solvens in frigore siccum, quod omnia sine discrimine metalla solvit: in isto sanè solvente particulæ acidi jam soluto corpori Mercurii, & salis volatilis urinosi grato cibo implicatæ sunt, & nihilominus plùs efficiunt, quàm acida acerrima liberrima spicula vibrantia. Sic & acida concentrata & à phlegmate liberata vegetabilium, nullius ferè, respectu mineralium acidorum, acrimoniæ, & quibus sine incommodo fauces & dentes lavare poteris, verbi gratia, spiritus mellis, sacchari, roris, acetum ligni quercini, vel sancti, indiscriminatim omnia metalla lento gradu solvunt, si in solidioribus prævia calcinatione viam paraveris, cujus indolis & efficaciæ nullum homogeneum ex mineralium cohorte facilè inveneris. In solventibus alcalinæ naturæ eadem luditur di-

ver-

verſitatis fabula, ut acuto opus ſit opifice, qui ex mechanismi legibus particulas ſuppoſuerit, & agendi modum ex textura illorum & figura explicaverit: nam duo liquores, qui ſe mutuò deſtruunt, ceu potiùs amico vinculo intricant, ut neuter amplius talis ſit qualis fuerit, ac, combinati, nullas etiam ampliùs in ſolvendum corpus metallicum vires, utpotè ſuo utrinque cibo ſaturati, exſerant; ſeorſim uterque idem metallum diſſolvent: Sic lixivium ex cineribus clavellatis ſolvit calcem Saturni, ſolvit eandem calcem ſpiritus nitri acerrimus. Ex confuſo utroque liquore & abſtracto prodit rurſus nitrum puriſſimum, quod ſi, aqua diſſolutum, affundas calci Saturni, intactam eam relinquet. Suppone tibi jam ſpicula utriusque liquoris quæ velis, particulis & poris plumbi correſpondentia in ſolvendo, ac porrò explica, quomodò hæ particulæ ſibi unitæ figuram amiſerint ſolvendo plumbo aptam; videbis illicò, te in luto hærere: nam diverſæ omninò & contrariæ ſingurę ſtatuas, oportet, particulas, quæ ſe ita amplectuntur, ut utriusque partis figura priſtiña obliteretur, & diverſis his ac contrariis figuris nihilominus in easdem plumbi particulas eandem vim ſolvendi attribuas. Alcalina volatilia animalium ſolvunt & extrahunt aurum, ferrum, cuprum, plumbum aliquatenus præparata, argentum & Mercurium nunquam attingunt. Olea itidem deſtillata & probè rectificata, tam animalium, quàm vegetabilium, in aurum, Jovem, cuprum & Saturnum agunt ſolvenda, neglectis reliquis.

12. Hæc

12. Hæc mirifica & inexhausta mistionum diversitas circa metalla & mineralia, & liquores eorum solventes igneos, producit in conspectum medicamina, quibus enarrandis & evolvendis multum operæ & chartæ deposceretur; licet curiosis rerum naturalium indagatoribus non omnino ingratum fore confidam, si, quæ circa talia notavi satis stupenda & insolita experimenta communicavero; sed cùm jam, brevitati studere, certis de caussis propositum sit, in diem commodiorem specialiora enarranda suspendam, saltem ea, quæ de medicina universali delibare & suggerere visum fuit, insigni quodam sapientiæ antiquæ testimonio hîc adhuc confirmans & illustrans, quod eò gratiùs à veritatis studiosis arripietur, quò solidiùs & apertiùs non saltem rei tactæ veritas in eo asseritur, sed & simul modus præparationis tanta sententiarum gravitate & dexteritate aperitur, ut omnia sequentium seculorum effata, respectu hujus, merito dixeris Sphingis ænigmata, non tam erudientia quàm illaqueantia lectores incautos, & tantæ scientiæ nimiùm cupidos. Senem nostrum audietis, magnum Hippocratem, mirando planè modo tanti momenti rem verbis, ut solet, quàm brevissimis, sufficientibus tamen & prægnantibus, enarrantem 1. *libro de Diæta*, &, lectis his, facilè nobis consentietis, in præfatione secundæ partis nostri *Hodegetæ ad amissum Urim & Thummim* asserentibus, *plus adhuc in Veteribus solidæ rerum naturalium cognitionis amissum & sepultum jacere, quàm nostri seculi gloriosi nimis buccinatores*
redu-

reduxerunt, imò vel unicum nostri Senis Aphorismum plus sapientiæ & solidæ eruditionis continere, quàm universus omnium Mechanistarum apparatus unquam deteget, ineptus, falsus & superficiarius. Χρυσίον, inquit, ἐργάζονῖες κόπῖυσι, πλύνυσι, τήκυσι πυρὶ μαλακῷ, ἰσχυρῷ δὲ ὐ συνίςαται. Ἀπειργασάμενοι πρὸς πάνῖα χρῶνται. *Qui aurum ad opus adhibent, contundunt, lavant, liquefaciunt igne suavi seu blando, nam igne fortiore non coit, vel conjungitur. Quod opus si ad finem perduxerint, ad omnia usurpant.* Mystica sunt verba, quæ si intellexeris sensu trito, stultitiæ omninò & crassæ inscitiæ notam inures illi, cujus sapientiam & rerum experientiam stupet & unanimi ore prædicat omnis hactenùs eruditorum chorus: nec enim aurum in mortario contundi valet, nec lavari opus habet, nec igne leni, sed fortissimo potiùs eliquatur & funditur, nec, ita fusum, alicujus in medicina usus esse potest. Interim vereor, ne subsequentium ævorum cœcitas, à rerum experientia ad inanes verborum apparatus deflectens, sensu vulgari non una vice talia arcana extulerit: *Galenus* enim, Hippocrati comparatus, non tam Medicus quàm receptiuncularum compilator, & in qualitatibus primis hærens disputator, sine dubio absurdam illam & experientiæ adversam ex *Hippocrate* perperàm intellecto hausit sententiam, quâ *cap. 5. in Licum* aperta suæ inscitiæ prodit argumenta, inquiens: *Ignis non differt ab igne nisi majore vi, ac minore: infirmissimus est, qui ex paleis conficitur, quare ad conflandum aurum accom-*
mo-

modatus est, eò quòd aurum absumatur & diffluat, si validiorem flammam sentiat. Egregia sanè & digna, quæ cum suo scriptore palearum ignem infirmum eò usque sentiant, donec ex igne doctior & instructior prodeat Philosophus, & aurum non tam liquabile, fugax & volatile, quàm sunt veritates plerææque Galenicæ, experimento deprehenderit. Nec propiùs Senis intentionem assecuti sunt ex hodiernis Chymiæ cultoribus illi, qui per ignem blandum & fortem gradus ignis exterioris & culinaris, in opere observandos, indigitatos volunt: nam quod solvetur & liquabitur igne remissiore, multò magis liquabitur per intensiorem, quô circulus & activitas menstrui solventis necessariò intenditur: nisi per τὸ ὑ συνίςαται, fugacitatem compositi indicare, & dispersioni ejus præcavere voluisse putandus sit *Hippocrates:* qualia in conflando auro solido sibi metuebat Galenus eventura, & hinc, vanâ curâ, ignem palearum, tanquam tutissimum, aurifabris commendabat. Sed dabimus genuinum ænigmatis hujus Hippocratici sensum, quem novimus rei substratæ esse consentaneum, & quem aliquô judiciô & experientia chymica pollentes tali auctore dignum dicent, & allegatis verbis adeò concinnum, ut aliter explicaturus nunquam non extra oleas vagari deprehendendus sit. *Qui in auro laborant,* & mediante hoc nobilissimo metallo ad summum medicinæ apicem assurgere contendunt, primò *contundunt illud,* seu redigunt in calcem & pulverem subtilissimum, non in mortario, diducitur enim in bra-

&cteas, non comminuitur, sed per liquores corrosivos & calcinantes; è quibus rursùs lege artis colligitur, & hinc, secundò, istud *lavant* artifices, vindicantes nempè, ope aquæ & ignis, ab acrimonia & salsugine aurum istud contusum, ne quid noxii & peregrini compositum physicum subintret. Aurum istud lotum, tertiò, *solvunt seu liquant igne suavi & blando*, id est indissolubili vinculo conjungunt cum solvente potiùs luminoso quàm igneo, ceu cum tali igne potentiali, cujus partes luminosæ oleosæ & alcalinæ partes acidas & corrosivas longè superent, & hinc dulci & suavi sapore linguam afficiant. Notam verò fuisse Hippocrati hanc philosophiæ antiquæ hypothesin, & ignium potentialium naturam, ex eodem ejus libro videre est, ubi ait: Συνίςαται τὰ ζῶα, τά τε ἄλλα πάντα, καὶ ὁ ἄνθρωπος ἀπὸ δυοῖν, διαφόρων μὲν τ̀ δύναμην, συμφόρων δὲ τ̀ χρῆσιν, πυρός, λέγω, καὶ ὕδατος. *Constant animalia, & reliqua omnia, ut & ipse homo, ex duobus, potentia quidem diversis, sed usu concurrentibus, igne, puto, & aquâ.* Designat nempe principia rerum corporearum, quæ quomodo ex igne & aqua constent, à nobis alibi fusiùs explicatum est, & infrà quoque attingetur. Solvi ergò vult aurum radicaliter in liquore igneo suavi & blando, nam cum corrosivo, *ceu igne fortiori*, pergit, *non coit*, non unitur, non consistit, & coagulatur, ceu figitur, omnes enim has circumstantias in voce significantissima συνίςαται, uno complexu indigitare voluit; & experientia effatum istud abundè con-

confirmat, quâ nunquam liquor corrosivus & acidus cum metallis ita coit, quin metallum rursùs in pulverem præcipitari & separari valeat, nunquam etiam ita coagulatur & figitur, quin in examine devoratum corpus rursùs deserat, & in auras abeat. Sed, ut porrò indicet, non vulgaris laboris & patientiæ rem esse, tale opus ad finem optatum perducere, non sine gravissima ratione verbum ἀπεργάζεσθαι adhibet; festinandum ergò lentè, & expectanda medicinæ debita perfectio, antequam *ad omnia eandem adhibere* contendas. Ad omnia tamen adhiberi posse Hippocrates noster credidit, & sine dubio experientiâ edoctus talia asseruit. Restringas, si velis, τὸ πρὸς πάντα tantum ad usum medicum, & dicas, descripsisse Senem Elixir non poly-sed pantochrestum, vel latius etiam evageris, & credas, simul transmutationis metallicæ fructum, ad res gerendas apprimè commodum, ab eodem insinuari; mechanicè tamen alterutrum, vel utrumque fieri posse, non percipies, sed potiùs ex mechanismi legibus assertum hoc, ceu stultum & impossibile ridebis; dignus tamen qui rursùs ridearis ab iis, quorum manus oculatæ sunt, & qui iniquo non possunt non ferre animo nostri seculi sortem miserandam, quâ in plusquam cimmeriis tenebris de luce & splendore veritatum naturalium gloriamur, & crepundiarum ludicros apparatus, cum bimulis, pluris facimus, quàm ea, quæ nunquàm non possunt esse proficua.

13. Si ad eundem modum specificorum vegetabilium

bilium innumeram ferè diverfitatem & operandi modum oculis fubjicere pateretur inftituti circulus, oppidò victas dare cogerentur manus, quotquot particularum & figurarum figmentis naturam hactenùs defœdarunt magis quam illuftrarunt. Sed cùm, eos experientia particulari ftringere, & in veritatis amiffæ femitam reducere, ferè vani fit conatus, quamdiu ipfa Philofophiæ receptæ fundamenta prima non denudata in confpectum prodeunt, ab omnibus fanæ mentis tùm refpuenda & fibilis excipienda, decrevimus fubfequente peculiari capite pulverulentæ pugnæ inire campum, difpecturi, quibusnam funiculis ex arena nexis totum fyftema corpuscularis philofophiæ cohæreat. Non id nobis vitio vertent viri hujus ævi eruditi & probi, qui fafcinati Coryphæorum ingenii acumine nomina fua dedére talibus placitis profitendis ac docendis, ac, nimiùm fecuri veritatis philofophicæ, de novis fubinde inventis, ex fuis hypothefibus explicatis, orbi eruditorum gratulati funt, & adhuc gratulantur : videbunt enim hi, candido nos duci veritatis inquirendæ & propalandæ ftudio, nec fugillare ea, quæ non abfona effe priùs evicerimus, nec fuppeditare alia, quæ non fana ratio fibi relicta rebus confentanea effe poffe, deprehendat, ac cum religionis chriftianæ fimùl principiis facilè combinare queat. Una enim, fibi per omnia conftans, & ab uno fonte promanans eft rerum concipiendarum veritas, ficut omnia fuum effe habent ab uno creatore propagatum : ac, ficut impoffibile eft, idem fimul effe & non effe, ita

im-

impossibile est, idem esse verum theologicè, quod sit falsum philosophicè, vel idem falsum philosophicè, quod verum theologicè. Impostores ergò & versipelles agunt, timoris & spei gratia, qui dicunt, se credere revelata, quæ principiis suis philosophicis vident, ut falsa & impossibilia ex se, ceu contradictoria, prostitui; talis insulsa fides in hominem sanum non cadit. Aut ergò Philosophia tanquam delira & spuria abjicienda, aut religio, & fides historica scripturæ evertenda, aut ducto penitioris veritatis filo, utriusque harmonia tentanda & invenienda est; nisi velimus fuco & larvis induti hominum simpliciorum spectra esse, & omnem veritatem etiam è societate politica eliminare, quo quid alienius sit à vero philosopho, & homine ingenuo, vel saltèm bono cive, non video. Gratiam ergò habebunt nobis boni omnes, si, præeuntibus nobis, viam invenerint, non adeò sentibus obsitam, ac genuinos veri cultores tandem ad centrum deducentem, ex quo omnia aliquatenus aspicere, & quodlibet suo loco definire, integrum est.

CAPUT III.
De pretensi Mechanismi Naturæ nullitate.

1.

Cum Mathematicis jam nobis res erit, qui ab antiquo suis erroribus physicas veritates ludibrio exposuerunt, & simul Dei ter optimi & ter maximi vestigia, veræque religionis semina ex animis mortalium eradicare allaborarunt; quidam directo malitiæ studio, quidam inconsultè substratis

tis conceptuum deliramentis, quorum principium nec finem ipsimet unquam introspexerunt, nec, præ puerili in rebus tactilibus ludendi pruritu, introspicere apti fuerunt. Tales ex Veteribus sunt præcipui *Democritus, Leucippus, Epicurus, & Lucretius*; ex nostræ ætatis vero memoria *Hobbes, Renatus des Cartes, Gassendus, Galilæus,* & alii, quorum ludicra inventa, sub specie subtilitatis cujusdam & eruditionis non vulgaris propinata, jam ferè totum literatorum orbem inescarunt, & eò deduxerunt, ut quasi triumphum, de restaurata naturali scientia, canentes, *Aristoteli formarum substantialium & qualitatum occultarum Professori* socordiæ & ignorantiæ asylum exprobrent, suique ingenii perspicacis acumen miris laudibus & congratulationibus admirentur. Ac equidem non inficias eo, acuti fuisse ingenii plurimos hujus machinæ fabricatores in disponendis rerum corticibus, & evolvendis Geometriæ, quæ non res, sed corporum superficies certis figuris & numeris adaptatas, pro objecto habet, problematibus; sed tamen incautos & negligentes omninò fuisse in scrutanda rerum essentia intimiore. Tactilibus ergò & numeris disponendis cùm se totos dederint, ac omnes reliquos sensus, cum *Archimede Syracusano* inter calculandum & patriæ ab hostibus captæ & suæ vitæ oblito, quasi exuerint, mirum non est, tam acuti ingenii Viros stupendis ingenii eclipsibus obnoxios fuisse, iisque accidisse, quod videmus visu orbatis communiter accidere: pollent hi miseri præ videntibus tactus sensu exquisitissimo, &

in

in disponendis & numerandis rerum corticibus admodum sagaces sunt, adeò, ut quidam præstantissimi evaserint mechanici: cujus rei exemplum locus, in quo hæc scribo, *Wurmonda*, pagus propè *Lugdunum Batavorum*, suppeditat luculentum, alens opificem horologothetam artificiosissimum, à puero octo annorum prorsùs coecum; hic quidem coecus fabricat horologia, sed nescius unde instrumenta, quibus utitur & quæ connectit, originem trahant. Tales fingamus nobis horologii universalis speculativos fabricatores, & eorum ingenii mathematici acumen admirationi nobis esse poterit cum horrenda coecitate conjunctum. Ita alium novi in Germania, hominem planè ineptum, ob conversationis & morum stupiditatem omnium ludibrio expositum, qui nihilominus ingenio mathematico omnes superat, inque conficiendis horologiis, & extricandis rationum numericarum nodis ad stuporem expeditus, in casibus obscuris, oraculi loco consulitur: ut proinde facillimum fuerit, tales acutos Mathematicos, quàm primùm extra cortices & objectorum geometricorum cancellos sapere gestiunt, ac, consequentiis à suæ artis phænomenis deductis, in objecta realia grassantur, in deliramenta ac errores incidere horrendos, & adeò homini sano palpabiles, ut videantur, non seriò rem agere voluisse, sed consultò nugis & figmentis simplicioribus imponere.

2. Id verò omnibus enumeratis magni nominis Philosophis accidisse, palàm faciemus, ac ita denudabimus eorum hypotheses miserandas & mendican-

cantes, ut omnibus dubium hæserit, quodnam ex duobus his magis admirandum: an, quòd tanti nominis & eruditionis homines tàm pueriliter ineptire potuerint? an verò, quòd tanto numero sequaces invenerint ubivis discipulos, homines nec delirantes, nec ineruditos? In priore equidem animum admirantis sistere poterit concepta petulantia ludicra, quâ tantos Viros mundi sciendi cupidi appetitum novo & insolito dogmate ludendo exercere, ac sui ingenii acumen venditare, constituisse, credamus; sed in posteriore ratio admirationis firmiùs hærebit, cùm videamus jam seriò substratas hypotheses ludicras credi, & propagari ab innumeris ferè, eruditione & rerum experientiâ non infimis, & adeò invaluisse earum axioma, ut quoque inter opifices & rusticos inveniri dentur, qui, sive è suggestu, sive ex exstantibus vernacula lingua libris, cupediis his & sacris philosophicis initiati, particularum Cartesianarum farraginem semper in promtu habent, ac harum ope cœlum & terram miscere, rerumque occultas dotes explicare optimè norunt; felici republica tot philosophantium numero, nisi verendum sit, sub hac particularum pulvere religionem tandem, fidem Romanam & civilem, unà cum utili & solida rerum naturalium cognitione sepeliendam fore, quæ jam dum, acuto nostro sæculo, situ obducta sunt, & pauco pulvere facilè conspectui nostro subduci poterunt. Traduxerunt nempe artis suæ mechanicæ inventa non satis introspecta ad totius mundi systema, indeque in conclusionem nimis præcipitem ruerunt:

posse

posse esse, ut totum universum, sine interventu essentiæ spiritualis, ad minimum sibi cohæreat in propagato motu, etiamsi detur, fuisse ab initio Creatorem & motorem primum, qui fabricarit machinam, & primum impulsum ad motum excitandum impresserit. Hôc primum, ceu possibili, præsupposito, ulterius processit audacia inconsulta, & tentavit, an non totum universum ex præjacentibus confusis particulis & atomis confluxisse, & in certas motus leges, ex natura & figura particularum resultantes, coïvisse comprehendi queat; in qua equidem sentiendi effræni libidine mechanismi leges & ortum omninò transiliit, cùm nunquam machinam, nisi ab agente fortiore & intelligente, ordinatam in terra viderit, & hinc dementi prorsùs conatu rei extensæ non intelligenti adscripserit ordinem, & legum motus mensuram, quam, vel cujus similem saltem, omnes in æternum Mathematici nunquam sistere poterunt. In utroque verò egerunt ut omninò cœci, & vix tactûs sensu adhuc instructi, cùm nullam machinam hominis ingenio inventam ostendere valeant, in cujus combinatione & nexu non tot concurrant agentia spiritualia & non per Mathesin commensurabilia, quot visibilia instrumenta suis numeris & figuris sibi invicem adaptata, quibus agentibus apprimè motus & effectus totius operis adscribendus est, instrumentis numericis & figuralibus non ad movendum, sed saltem ad determinandum & commensurandum motum, destinatis, inque hoc unice utramque officii paginam absolventibus. Ut
enim

enim taceam ipsum artificem, ceu Mathematicum, primum operis inventorem & directorem, (quem extensum saltem & insipiens automa dixisse, forte ipsi ægrè ferrent, & qui proinde extra dubium spirituali potestate rem disposuit & direxit) ipsa moventia secundaria à Mathematico sibi subordinata, non agunt & moventur per figuras mathematicas; sed indole quam Mathesis ignorat, & quam nunquam ex configuratione particularum inveniet. Omnia machinarum genera in motu suo conservantur vel *pondere*, vel *duritie*, vel *flatu ventorum*, & *impulso aëre*, vel *motu ignis* aërem vibrantis, *vel motu & tractu animalis cujusdam sensibilis*, & ex supra evictis, *facultatis locomotivæ spiritualis*. Instrumenta ipsa connexa, quæ motum machinæ determinant, non inservirent nisi dura essent, & se invicem, renitente conatu, vincirent; quòd si ergò Mathesis, quà Mathesis, non invenerit corporum *gravitatem & soliditatem, duritiem & motum* tam venti & agitati aëris, quàm ignis & animalium sensibilium, ridiculo conatu motum ex configuratione corporum mathematica hactenùs deducet: nullam verò harum affectionum per Mathesin esse demonstrabilem, mathematicè facilè demonstrabimus. *Gravitas*, quâ corpus, à globo separatum, rursùs globi sui centrum quærit, & non nisi motu violento, impresso ab agente fortiore, versùs atmosphæræ fluidæ circumferentiam propellitur, quid sit, si quæratur, responsum corpuscularium erit in promptu, gravitatem immediatè oriri ex soliditate corporis, & ex onere aëris prementis,

tis, à reliquorum globorum atmofphæra feu vorticibus, preſſi, proque majore vel minore ſoliditate & pororum anguſtia, ingredienti aëri locum concedente, pondus augeri & diminui. Quis non crederet hoc dato reſponſo abundè eſſe ſatisfactum? Sed oculi longiùs penetrant, quàm tangentis manus. Evicimus jam ſuprà, vortices prementium atmoſphærarum eſſe figmentum notorium, niſi ſtatuamus, totum univerſum eſſe cruſtâ ſolidâ concluſum, qua extremorum globorum vortices coarctarentur, quod abſurdum ut evitaret *Renatus des Cartes*, veritus eſt ſubſtantiam corpoream & extenſam finitam dicere, aut mundo certos eſſentiæ terminos aſſignare, ne finem globorum & vorticum diſſipatorum ſuis lectoribus aperire cogeretur. Cùm ergò in figura univerſi indefinita non appareat ratio cohærentiæ mathematicæ globorum, concedant nobis Mathematici, tantiſper pro ſomniis & figmentis habere hypotheſes ſubſtratas, quas ipſimet ne quidem mente poſſunt concipere: nam quocunque ſe vertant, extenſum ſuum mathematicum in infinitum extendant oportet, ne hypotheſis mendax ſuo fuco privetur: ſi enim cruſtam ſolidam admittant, eodem modo in infinitas cruſtas erit aſcendendum, quarum alia aliam mathematicè compingat: Vel tandem ſubſiſtendum in ſubſtantia infinita non extenſa, quæ extenſam cruſtam ultimam conſervet. Ac admiſſâ demum & præſuppoſitâ cruſtâ, omnes globos cum ſuis vorticibus ambiente; quis motu mathematico graviores & ſolidiores particulas in tot & innumera ferè

centra

centra se colligere potuisse, comprehendet, ad esformandos tot globos suis vorticibus se invicem propellentes? cùm sub una crusta omnia graviora unum centrum necessario motu mathematico petiisse, ex datis hypothesibus statuendum sit: hærent ergò acuti Viri in enodanda gravitate, quam quidem tactu sentient, sed mente mathematica introspicere nunquam poterunt, nisi simul se ipsos & totam sui extensi machinam in infinitate, & extra figuram omnem velint amittere. Dicant proinde potiùs cum *Aristotele*, corpus grave centrum petere globi sui per qualitatem occultam, & formam substantialem, quàm, per pressionem aëris; aut patienter audiant, si velint, quâ ratione nos corporis solidi gravitatem oculis mentis & intellectui, rerum essentias, non nudas cortices, scrutanti, subjiciamus. Vita illa & substantia incorruptibilis quæ compingit totum globum, & cum suis incolis libero aëre suspensum versat, corpora sibi avulsa eadem facultate vitali & spirituali rursùs ad se rapit, quâ totum sui convexum constringit ab initio, & corpus solidius ad matrem communem retractum gravius est poroso, & citius fertur versùs centrum, non ob prementem aërem impetuosè incumbentem sed ob loci contractiorem figuram, & pororum angustiam, atmosphæræ fluidæ, sursùm & ad circumferentiam propulsæ & ascendenti, non prementi, minùs objectam. At ita etiàm à vita globi univarsali continentur, & versùs centrum feruntur corpora animalium, quæ licet a viventibus & animabus particularibus ex amot-

sphæ-

sphæra fluida universalis vitæ compacta & extructa sint, circuloque activitatis singulari volvantur, subsunt tamen agenti universali fortiori, quod motu suo omnes incolas secum rapit, & hinc onere gravitatis animalium corpora terræ affigit, cùm alias quodlibet animantium suum domicilium sursum versùs atmosphæræ circumferentiam ex se valeret, & actu etiam sese ex motu universali extricare aliquandò annitatur, subsiliendo & excultando, pro concepti affectus spiritualis indole & electione libera. Corpora hinc animalium mortua viventibus multo graviora deprehenduntur, non tàm ob respirationis cessantis inflationem summotam, quàm ob animæ spiritualis deficientem locomotivam liberam, qua corpus versùs circumferentiam potiùs quàm centrum fertur; inde & dormientes & ægri vigilantibus & sanis multo graviores deprehenduntur, in quibus tamen non cessat respiratio.

3. *Soliditas*, qua corpora tenaciter sibi cohærent & tangenti resistunt, eadem levitate à nostris Mathematicis neglecta est, vel tacta cœcis oculis; ejus enim rationem suis numeris & figuris nunquam invenient, ceu jam suprà capite primo obiter evictum est; cùm quicquid statuerint in infinitas abeat absurditates, & tandem eorum pedem in *qualitatibus occultis Aristotelis* figat. Sunt nimirum corpora solida quàm plurima, quæ ignis dissipantis & ad circumferentiam propellentis vim omninò eludunt, & hinc à premente aëre sine dubio non compacta erunt: horum particulas mathema-

ticè cohærere quidem dicent corpufculares. Philofophi; fed dicis gratia, nifi ipfemet cœcus cœco credideris; particulæ fiquidem figura implicatoria præditæ, qua fibi invicem innectuntur, funt fine dubio in fe corpora folida, aliàs enim nullo modo vincire fibi adjacentia dici poffent. Refultat ergò eadem quæftio, quâ ratione folidi particularum hami & rami compacti fint, ad præftandum fuum officium? per novos fine dubio hamos & ramos, & hi per alios in infinitum; omnis enim figura mathematica corpus fupponit compofitum, & divifibile. Figuris hinc amiffis deveniendum erit in refpondendo ad atomos, in quibus omnis cohærentiæ ratio prorfùs evanefcit, cùm jam connexionis inftrumenta definant, & particulæ ex particulis innumera propagine adeò multiplicatæ fint, ut Philofophus huic pulveri fubducere oculos meritò confultum duxerit, & fateri, dari qualitates occultas & formas fubftantialis Mathematico intactas, & præcipitibus nimiùm judicibus vapul-fle *Stagyritam Peripathum*, quòd, more Philofopho indigno, occulta ignorantiæ latibula quæfiverit, ubi refponfi claritate quæftionis nervum folvere impotem fe videret. Sic & *durities* Mathematicis fuppeditabit nodúm duriffimum, omnium eorum inftrumentorum apparatum infringentem, & figuras particularum durarum illicò in fluida phantasmata reducentem; cùm, fi ne cohærèntiæ generalis quidem ratio figuris fubftet, multo minùs duræ cohærentiæ fabrica in propatulo fuerit. Neque enim compreffio & coarctatio particularum duritiem

tiem ministrabit, cùm dentur corpora compacta satis & gravissima, quæ non sunt adeò dura, ut hydrargyrum, plumbum, aurum, &c. & è contrario leviora & porosiora, quæ dura admodum, ut ferrum & lapides. Neque ex inæquali dispositione particularum & facta hinc porositate durum corpus emerget, cùm adamas, durissimus omnium, solidus sit & homogeneïtate extensi sui satis perspicuè gaudeat, in omni ignis sicci tortura salvus semper, nec liquabilis, nec in pulverem calcinabilis. Discussis ergò ita pulverulentis hypothesibus, & nimiùm credulis Mathematicis ad penitiora & intimiora extensi sui phænomena quasi manuductis, puto illis, velint nolint, fatendum fore, quod extensum quà tale, & omnes affectiones extensi ipsosmet subterfugiant, & quòd hinc horrendâ & inconsultâ audaciâ figuris motum tribuerint; cùm nec ullam figuram sine præsupposito movente & figurante spirituali non figurato, ipsimet concipere valeant, & in arte sua mechanica ipso facto experiantur, nullam determinatam emergere figuram, nullamque hujus figuræ efficaciam, nisi agens extrinsecum fortius agenti corporis intrinseco, soliditatis & cohærentiæ auctori, minùs forti & ad æqualiter agendum ab opifice summo destinato, limites extensi sui circumscribat, & variis angulis motum ejus naturalem impediat, figurâ exteriore nunquam principium motus existente, sed motum jam prævium in corpore solido vel fluido numericè determinante & suspendente. Apparet hinc porrò, quo distorto ingenio, & quà puerilis

Iis infcitiæ levitate rabulæ quidam noſtri temporis acti fuerunt, qui, ſpiritibus in corpus agendi poteſtatem adimentes, & ex inſulſæ Philoſophiæ placitis *mundum faſcinatum* novo faſcino implicantes, religionem, ſcripturam, & omnem fidem hiſtoricam effectuum ſpiritualium in corporibus exſertorum, conſpurcare ſuperſtitionis anilis maculâ, non deſtiterunt: cùm ne ipſum corpus figuratum quà tale, ſine præſuppoſito ſpiritu compingente ad momentum quidem ſubſiſtere & extenſum eſſe valeat, multo minùs certæ & determinatæ ſubſtare figuræ, & omnium minimè, moveri. Quod ultimum, ceu primum inſanientis Mechaniſmi fundamentum evertens; altiùs repetere neceſſum erit; nam motus efficaciam miris modis extollit *Hobbes*, & ejus nexum ſubtilibus quidem ſed futilibus præſtigiis evolvit *Renatus des Cartes*, quibus proinde, & eorum ſequacibus, cum ſua machina loco motis, fixa & immobilis veritas omnes bonæ mentis facilè movebit, inertibus pariter ac impiis figmentis valedicere & ſaniora amplecti.

4. Motus per univerſum tres deprehendi dantur differentiæ : aut enim extenſum emergit per motum, & certis ſuæ configurationis terminis circumſcribitur, ſeu colligitur, qui motus dicitur *generatio, & creatio:* aut ſpatium ſuæ extenſionis transfert & commutat, qui motus audit *localis:* aut ex determinata figura rurſùs per partes reſolvitur, qui motus dicitur *corruptio*, ſeu mors. Nullam verò harum differentiarum ab extenſo, quà tali, poſſe proficiſci, jam dum ſatis evidenter evicimus,

cimus, & brevi recapitulatione omnium obtutui rursus subjiciemus. Statuamus enim nobis, primum principium *motus generativi* materiam esse, mathefeos objectum, cum nugatore *Hobbesio*; illa materia tum supponenda erit, vel nullius omninò figuræ mathematicæ in atomis, vel certæ configurationis in pulverulentis *Cartesii* elementis primis, corpusculis naturæ minimis, diversimodè figuratis: quicquid verò horum elegeris, absurdus eris in demonstrando motûs principio, & omnem lapidem in cassum movebis. Ex atomis enim, primò, per motum localem, & confluxum atomorum, certam extensi figuram emergere, dicendum erit; atomos autem non posse localiter moveri & confluere, in aprico est, cùm non circumscribantur loco, utpote omnis dimensionis & figuræ expertes; figurâ, porrò, determinatum extensum quantumvis minimum, jam compactum & compositum esse necessariò supponens, nisi contra ipsam Mathesin delirare decreveris; unde ergo motus ille, quo prima elementa figuram determinatam sortita sunt? Sunt, dices, ab æterno particulæ figuratæ: sed sic tot causæ primæ, quot Cartesii particulæ; nam æternitas seu duratio, nullius rei causa productiva est, sed rem existentem comitatur; per consequens id, quod angustissimæ est dimensionis mathematicæ in extenso suæ molis, erit infinitæ extensionis numericæ in duratione, ens necassariò existens, circumscriptum angustissimo loco, infinitum tempore. *Hobbesium* hinc meritò, ut apertè insanientem, derelinquens *Renatus des Cartes* substituit

H 4   demum

demum Deum, & caufum primam fpiritualem, quæ figuratorum elementorum farraginem confufam creaverit; fed non deftitit, Hobbefii machinam ex præfuppofitis his de novo fabricare, & per motus leges mathematicas corporum generationis intermedias & continuatas demonftrare, ut & exinde motus localis, refolutionis, & corruptionis phænomena deducere; in quo equidem inftituto eandem abfurditatum innumerarum telam pertexuit, & fuos difcipulos incomprehenfibilium hypothefium retibus adeò implicuit, ut propofitiones contradictorias fingulis momentis protrudant, & fimul veras effe ftatuant. Didicerunt enim, hoc duce, fpiritus ex fe & fua natura ineptos effe, fuas actiones in extenfo & per extenfum determinare, & motum in corpore ciére, debili freti hypothefi, quòd cogitando omnis rei fpiritualis abfolvatur effentia; cùm ipfa cogitatio fit accefforium indifferens & actus liber effentiæ fpiritualis, pro lubitu defiderii exercitus & fufpenfus, quod noftri cogitatores in fe ipfis experiri poterunt. Deum hinc, ridiculo conceptu, Creatorem extenfi ftatuunt, non difponendo reali virtutis contactu figuras corporum, fed jubendo è longinquo, ut exiftant. Ita porrò per fpiritus creatos oberrantes, & videntes, ad nutum voluntatis liberum & ex affectu fpirituali ipfos poffe corpus fuum proprium de loco in locum proferre, non audent dicere, quòd anima in glandula pineali, nefcio quo vinculo Cartefianæ Philofophiæ, hærens, corpus reali contactu moveat, fed quòd juffu voluntatis imperet fpiritibus

ani-

animalibus, ad ejus nutum illicò paratis. Hinc nec, Deum omnipræsentem suæ creaturæ realiter esse, credere possunt, nec, animam præsentem glandulæ pineali vel toti suo corpori; Deum proinde, eâdem hypotheseos difficultate contradictoriâ, etiam in quandam fortè glandulam pinealem totius universi coarctant, ex qua jubendo imperium providentiæ exerceat & motum conservet. Ubique autem contra propriæ animæ sensa impingunt, & rationes depromunt philosophicas ingenio humano imperceptibiles, & omnibus qualitatibus occultis occultiores, harumque coacervatarum cumulo adhuc sepultas. Jubendo nimirum nunquam se produxisse aliquid, nec produci posse, per rationem & experientiam edocentur, nisi adsint causæ intermediæ intelligentes jussum, & ad nutum jubentis paratæ, vires suas depromere; si hinc jussu Dei, è longinquo positi, movetur extensum, non tantùm præsupponendum est rationi sanæ, extensum in principiis realibus fuisse, antequam fieret, & moveretur, sed & intellectu & sensu præditum esse, quò jubentis nutui obtemperet. Sic nec anima jussa dabit spiritibus animalibus extensis, quin extensi esse desinant, & sensu & intellectu donentur proprio; dum ergò spiritus suos & substantias cogitantes quàm longissimè è rerum extensarum consortio collocare allaborant Cartesiani, delabuntur in metamorphosin contradictoriam, & ipsum extensum extensione sua spoliant, ac in substantiam cogitantem reducunt, quòd aptum sit, moraliter obtemperare spiritibus, ac in sese recipe-

H 5   re

re actiones merè spirituales: distinguunt nempe, dividunt, & confundunt, eodem temporis momento; & dum, se omnia distinctè suis hypothesibus explicare posse, falsò jactitant, in immensum confusionis, & credulitatis irrationalis barathrum se ipsos præcipites dedére, tot adorantes, & cœcis oculis credentes suæ philosophiæ articulos fidei, quot finxerunt particulas. Nam, nec ex se ipsis moveri volunt particulas, si principium primum motûs spectes, nec, spiritus motores immediatos extensi esse per naturam suam posse, admittunt. Stat ergo immobilis machina conficta per ipsorum fabricatorum hypotheses, aut machina esse desinet, si ex jussu substantiarum cogitantium movetur. Et quis non, tot inconditis cogitationibus & jussibus rem obnoxiam tandem ex ordine dilabi & frangi, metueret. Saniùs omninò pensitavit motûs, & imperii jubentis leges *Canutus* ille *Anglorum* ex victoribus *Daniæ* Rex, quem cum adulatorum aulicorum grex stultus eò inducere vellet, ut sibi *Domini Oceani* titulum arrogaret, convocatis consilii auctoribus, ad fretum accessit, magna voce imperans, ut retrocederet, & pediti tutam viam panderet; quod renuente pelago, ait: videte, ad quas ineptias me inducitis, ut nempe imperem subdito, quem nec manibus propriis ligare valemus, nec qui dictis nostris ultrò obedire vult: probè sciens, vanum esse imperantis jussum, cujus activitatis potestas vel non fræna injicere valet subdito prætenso, vel à renuente agente morali eluditur. Sed demus tandem, Deum esse primum concitatorem

motûs

motûs machinæ corporeæ (quod equidem per admissa Cartesii erit impossibile & imperceptibile) nullo tamen modo propagatio motus perennis per instrumenta matheseos erit possibilis, nisi primum movens, machinæ realiter præsens, in motu perseveret; cùm, ceu suprà demonstratum dedimus ipsa, ars mechanica nullam adhuc stiterit machinam, cujus movens primum figuris mathematicis impellat, & impellatur, & quo cessante à motu, non simul automatis agitatio cesset: quicquid ergò ex coaptatis instrumentis mathematicis deduxerint ad explananda naturæ phænomena, eodem jure instrumentis tribuent, quo jure malleo fabri & limæ quis vendicaverit horologii effectus, neglecto artifice & movente primo. Jejuna hinc omninò, & ex omni parte fragilis est rerum naturalium explicatio per mathesis dimensionem: ipsa enim dimensio esse non potest per momentum, nisi per substantiæ non dimensæ concursum immediatum, & vix umbram tangit essentiæ rerum, qui in disponendis corticibus visibilibus tangendo, non videndo, ludit & ludltur. Et cùm ex data resolutione cohærentiæ mathematicæ, quæ fingitur, ad oculum constet, ipsa extensa in indivisibiles abire atomos, quidni statuamus cum Sacro Philosopho *Paulo*, extensum demum ex non extenso, & visibile ex invisibili, non ex nihilo, per creationem prodiisse, & *ex Deo, per Deum & ad Deum* esse, conservari, & vergere omnia; non quidem semper per contactum actionis immediatæ, sed per dispositos sapienter motores intermedios, qui suum ubique extentenfum fingulare compingunt, & moderantur, & ad fummi Motoris nutum femper parati funt, aut, fi prava inclinatione fpirituali deflectere contendant, imperio ejus fummo & ubivis præfente virtute in actibus externis diriguntur & impediuntur; ita ut omnia, tam mala quàm bona, ejus imperio fubjecta maneant; cùm degeneres creaturæ fpirituales quidem gaudeant concreata libertate eligendi & volendi mala, fed nunquam poteftate illimitata, conatus malos in effectum deducendi. Ex quo fonte jam quàm breviffimis omnis motûs in rebus creatis deducemus fyftema, cujus cohærentiam intueri, intellectui fano non adeò difficile erit; & cujus nexus undiquaque veritates tam naturales quàm theologicas illibatas fiftet; imò credenda plurima & myfteriorum fide occultata, rationis oculis perceptibilia fubjiciet.

5. Deus ter optimus maximus, & in fe, & ex fe undiquaque beatus, ceu fibi fufficiens, talis concipi non poffet, nifi ftatuamus intra ejus effentiam principium quoddam paffivum, & actionum fpiritualium & vitalium infinitarum receptivum, in quo terminetur, & fibi ipfi fenfibilis fiat primi agentis & moventis activitas. Deum ergò qui dixerunt *actum purum,* nefcivére, quid dixerint, & *Atheis Spinofiftis* frigidam fuffuderunt, qui hinc objecta & modificationes extrinfecas Deo, agenti quafi bruto & femper inquieto, dixére ex natura neceffarias, cùm actus purus in fe ipfum reflecti nequaquam poffit, & hinc ab eo tempore quo actus eft, objecta extra fe fupponat. Iftud principium
divini-

divinitatis paſſivum, corpus quaſi Deïtatis, & cujus reſpectu Deus in ſcripturis ignis appellatur, & lucem inhabitare inacceſſam dicitur, à Sapientibus antiquiſſimis appellatum fuit *æterna & incorruptibilis natura*, & ſeminarium inviſibile, ex quo in tempore per Deum, liberrimè & ſapientiſſimè agentem & creantem, rerum creatarum individua, & corpora viſibilia, ceu figurata, emerſere. Produco in teſtes ὁμοιψήφους hujus aſſerti Perſarum *Zoroaſten*, Ægyptiorum *Mercurium Trismegiſtum*, Judæorum *Cabaliſtas antiquiſſimos*, Græcorum *Platonem*, Chriſtianorum, ex primitivis, *Origenem, Clementem Romanum & Tertullianum*, quem nec ipſe *Auguſtinus* in Catalogo hæreſium ob hanc opinionem condemnare, vel hæreſeos macula conſpurcare auſus eſt, aliàs ſat ſtrenuus hæreſium faber; ex ſequioribus, Anglorum miraculum ſui temporis, *Robertum de fluctibus*, vel *Fludd* dictum, Germanorum *Theophraſtum Paracelſum*, omnes homines ſolidiſſima eruditione, & ſincera in Deum pietate ſuis diebus omnibus ferè facilè palmam præripientes, & horum demum omnium complementum & coronam, *ſutorem noſtrum, Philoſophum Teutonicum, Jacobum Böhm*, quem ſingulari elogio condecorare & admirari, non deſtiterunt homines noſtri ævi eruditiſſimi, *Henricus Morus & Morhoſius*. Is, licet ſcripta ſua, divinitatis veſtigiis referta, barbaris & parùm ipſimet intellectis Chymicorum vocabulis, &, quod laïcis indoctis familiare eſt, tædioſis ambagibus, tautologiis, & repetitionibus aliquatenùs deturpaverit

coram

coram oculis eruditi hujus sæculi; solus tamen congessit, & digessit ea omnia, quæ in antiquis veritatis vestigiis mutilata & sparsa jacent. Summum ergò bonum, Deus, summæ sapientiæ & amoris vestigia propalare gaudens, per actum creativum exiit ex se ipso: concipiens in se ipso, omnipotentis imaginationis collectione, spiritus alios (cujus actus creativi indoles ex producta ceu continuata creatione, in generatione animantium, adhuc elucescit aliquatenùs) eosque corpore quodam incorruptibili & igneo, ex æterno principio passivo Deitatis, vestiens; atque ita sistens primum omnium rerum creatarum systema, *mundum Angelicum*, substantias exhibentem varias individuas, propriâ activitatis circulo & libertate præditas, ex *Deo* quidem desumptas, sed *per Deum*, ut suæ essentiæ multiplicatam cerneret imaginem, in Deos quasi minores evectos, & singulari singulos imperio limitato donatos, obedientiâ verò, amore & submissione ad Deum, quem scriptura exsertis *Patrem spirituum* dicit, meritò reflexos. Hujus creationis primævæ nil meminit Moses in historia creati hominis, præsupponit tamen eam ubivis scriptura sacra & ipse Christus, hujusque discipuli, Satanæ mendacis lapsum ante hominis creationem aparte supponentes. Nec obscura hæc hypothesis Judæis tum temporis esse potuit, cùm jam *Cabalistarum* principes seriem creationis per varios mundorum spiritualium globos devolutam, antequam visibilia & crassa prodirent, sat, & fortè nimiùm, specificè enarrassent. Qua ratione verò &

occa-

occasione labi & à Deo, beatitudinis fonte, deflecti potuerit lucifer, sat perspicuè suprà §. 1. cap. 2. sed concisè attigimus, & fusiùs intelligendum dedimus in *fato nostro fatuo* belgicè conscripto. Et qua ratione simul ex hoc lapsu spirituali, & hinc productis in lucifero anxietatis, timoris, iræ & desperationis affectibus, subjectus ei globus igneus eum suis reliquis incolis corripi, infici & in ordine concreato turbari potuerit, obscura umbra hodienum indicant affectus spirituales in corrupto homine, illicò suo veneno in subjecti corporis humores, vel dissolvendo nimiùm vel coarctando & obstipando grassantes. Dedimus tamen hujus corruptionis corporeæ rationes speciali ores, in secunda parte nostri *Hodegetæ ad amissum Urim & Thummim*, germanicè extantis, ex ordine conspicuas: nimirum demonstravimus, corpus creatum igneum duobus substare principiis componentibus, acido adurente, & lumine suaviter exhilarante, quæ duo, quamdiu æquali libramento connectuntur & à vita moventur, flammam producunt apartam & agitatam, excedente vero alterutro justæ mensuræ limites, ignis supprimitur, & vel desinit lucere, vel desinit urere: dedimus in hujus asserti explanationem experimenta artis chymicæ, ac simul evicimus, posse artis nostræ beneficio liquorem igneum sine luce corrosivum, & quævis viventia calore suo lædentem, sine ullius crassi vinculi terrei additamento, totum, quantus est, converti in pulverem terreum obscurum, nullo sapore & calore ampliùs præditum, posse itidem principium luminosum

sum ignis, sub alcalinorum nomine in conspectum prodiens, resolvi in aquam, seu phlegma insipidum. Hinc, à minoris virtutis agentibus ad majoris activitatis substantias ascendentes, deprehendemus, nil contradictionis & absurditatis involvere, si statuamus, lapsum à Dei beatitudine spiritualiter luciferum, per concitatos inordinatos affectus spiritualis malitiæ, consequentiâ naturali, subjectum sibi globum igneum, per creationem jam dum compactiorem ac fuit in natura universali, turbasse, &, disrupto principiorum componentium vinculo & æquilibrio, quodlibet in statum maledictionis degenerem præcipitasse: principio caloris & fervoris acido abeunde in terram obscuram & insipidam, luminoso verò in aquam seu phlegma iners. Habemus inde verisimiliter *Chaos* Philosophorum gentilium *antiquum;* habemus & *Mosis tenebrosum vacuum & inane,* ex aqua & terra confusè mixtum, quod, ceu textus hebræi explicatio patitur, ex intercedente corruptione priùs creatorum quorundam emersit, & ex quo jam altera Deo ter optimo molienda veniebat creatio rerum compactarum magis & visibilium; cujus seriem Moses verbis ut plurimum mysticis sibi enarrandam suscipit, ut hominibus, cum quibus conversabatur, non Angelis, suæ originis elementa, & Patrem generantem patefaceret. Cujus vestigia, ceu saltem conjicio (nescimus enim, an non à Sapientibus, Ægypti, & traditis Trismegisti, ipse Moses sua quædam hauserit) reliqui ferè omnes inter gentiles Philosophi premunt, tenebras & confusionem ante lucis ortum Creatori præsternentes; quo nihil absurdius concipi & cogitari de Deo sapiente, beato & omnipotente posset, si prima omnium enarranda sit rerum Creatio: à lumine enim non prodeunt tenebræ, & sapiens artifex, unàque omnipotens, non priùs confundit, quæ illicò ordinata & benè digesta sistere potest. Detrusit ergò Deus luciferum cum suis subditis spiritibus, eâdem lapsûs labe infectis, è globo sui dominii corrupto, ejusque activitatem spiritualem, jam variis affectuum furiis agitatam, ad suscitandos perpetui desiderii & famis cruciatus, ab omni principio passivo, in quo determinaretur, suspendit, & in se ipsam retorsit, unde infernus & mors spiritualiter grassans ultrò enata est: idque duplici de causa, ut nimirum reliquis Angelorum choris exemplum justitiæ & neglectæ obedientiæ statueret, & simul creaturam passivam præter sui meritum fœdatam nova facta restauratione sublevaret, & ex maledictione liberaret. Resolutis hinc, per immissas incorruptæ naturæ igneæ virtutes, funestæ maledictionis & corruptionis diabolicæ repagulis & claustris, lux demum ex tenebris effulsit, & divinus opifex, orbem hunc aliis incolis nobilitandum constituens, non omninò extinxit producta principia ex lapsu ignis & lucis degenera, sed aquam & terram sub dominium inductæ rursùs & excitatæ, ignis & lucis, vivacis substantiæ; quasi coarctavit, & conclusit, ut ita spiritibus de novo creandis superbiæ concipiendæ non adeò magnam relinqueret occasionem in domicilio non omnimodè formoso, & ipsos, ad

sui

sui imaginem conditos, eò faciliùs in suæ essentiæ beatitudine degustandâ detineret. Miscuit hinc admirabili temperamento boni & mali naturalis & corporei semina, ut neutris carere viventibus iṇ hoc globo liceat, nec enim ignis sine terra & aqua, nec aqua & terra sine igne quidquam ad combinanda corpora opaca valebunt: hinc nec ignis implicatus, & maledictioni obnitens, movetur in his corporibus apartâ flammâ, vel splendore & lumine triumphat, ceu fuit & adhuc est in Angelorum beatorum ordine, quos hinc à flammis & fulgore scriptura ubivis denominat; sed tacito circulo suo officio fungitur, & unà secum inertia corruptionis producta, aquam, & terram opacam insipidam, tanquam cortices volvit, ab agente vitali & spirituali ipse motus & excitatus. Sed ut simul sublevaret agentium vitalium, in digerendis & disponendis tàm gravatis & tenacibus elementis, operam, dedit illis omnibus ministrum, motorem communem, spiritum vivum & intelligentem, magnarum & extensarum virium, *Solem,* eique in habitaculum tribuit perennis & æternæ naturæ incorruptæ portiunculam contractam, seu creatam, igneam & luminosam, per ejus sphæram activitatis diffusam, ex qua per atmosphæram radiorum lucidam exiens, omnes circa se proximè & è longinquo dispositos opacorum corporum globos, quos planetas dicunt, & ex quorum censu noster globus est terraqueus, attingit & penetrat, inque eorum centro conclusum ignem culinarem animæ globi universalis in motu perenni non tantum conservat, sed &

atmo-

atmosphærae horum globorum effluvia rarefacta, quatenùs conclusi in corporibus opacis ignis & lucis sunt exhalationes, motu suo arripit, & vivâ flammâ, licet, ob dispersi & aquis admisti ignis raritatem, tenui & blandâ, accendit; inde productus in superficie reflexorum radiorum calor non consumens, nunquam limites atmosphæræ transcendens; extra quam omnia rursus frigent, quia lux tùm sine acido igneo spiritus solaris manet vehiculum, potiùs refrigerans, quàm calefacient; hinc & radii ex opaco reflexi in longinquum augent aquam & motum ignis impediunt; quod ex splendore Lunæ cuivis obvium est, & simul falsitatem hypotheseos arguit, quòd motus ex se producat calorem: aquam enim in æternum moveris motu circulari & confuso, ut & terram, salis omninò & ignis expertem, nullo suboriente caloris vestigio, nisi ignea simul admoveris. Ope ergò hujus *Solis*, quem non iniquè oculum universi nuncuparunt antiqui, omnia viventia ignem suum culinarem accendunt, & postmodum pabulo debito, ex concluso igne corporum desumpto, intra terminos conservant, qui ignis, motu semper agit contrario motui animarum viventium & intelligentium reliquarum: nam spiritus ignivomus, ex Creatoris jussu, movet dissolvendo & protrudendo soluta ad circumferentiam; anima verò intelligens & sentiens, pro activitatis suæ à Creatore datæ modulo, colligendo proficua & coacervando occupata est: dissolvit ergò ignis compacta, & hinc omnibus viventibus oritur exhalationum atmosphæra, ex qua soluta atmosphæra anima, ope aquæ & ignis non flammantis, acidi nimirum, colligit ea quæ apta sunt ad nutritionem & auctionem suæ machinæ & domicilii, ut ita mutuo occursu agentium contrariorum exquisitum inveniatur mediocritatis temperamentum, & mutuum adjutorium, dum anima igni colligit perpetuum pabulum, & ignis animæ agenti concretionis maledictæ in objectis corporibus solvit nodos, aquam nimiam per exhalationis rarefactionem dissipando & in aërem convertendo, & terram concretam in pulverem minutissimum calcinando, qui, quantum fieri datur, per varias separationes, & adaptata hunc in finem instrumenta, sequestratur, inserviente insuper humorum instrumentalium vehiculo, quorum indolem supra in conspectum dedimus. Quid vero de globis reliquis planetarum opacis ratione incolarum statuendum sit, hîc non definiendum; puto saltem, omnes hoc globos per novam creationem ex corruptis luciferi elementis, æquè ac nostrum, esse productos, nec suis destitui incolis spiritualibus, qui an eandem rursus lapsûs secundi subierint aleam, ac *Adam*; an verò perstiterint obedientes, quis definiverit? Sic & reliquas stellarum fixarum sphæras lucidas, solis æmulas, suis beatis & incorruptibilibus incolis plenas esse, credo, nec, si per has multivarias illas mansiones in domo Patris sui à Christo assertas, intellexero, adeò hæreticus deprehendar; cùm Dei beatificam fruitionem & intuitionem nullus locus impediat, utpotę omnibus ubivis præsentis, & omnia verbo virtutis

suæ

suæ gubernantis & sustentantis. Cur enim, nostrum punctum exiguum, tot & tam diversis incolis refertum, peculiari præ reliquis tam vastis convexis gaudere privilegio dixero, nullam video rationem, cùm ex tacente revelatione scripta nullum argumentum negativum necti queat, quæ data est nobis, ut nobis proficua & nocentia eligamus & vitemus, non ut omnia Dei immensi & sapientis opera exinde enumeremus. Sed revertamur in nostrum domicilium novæ confusionis maledictæ labe ulteriùs infestatum. Homo nimirum, præcipuum hujus globi ornamentum, peculiari adhuc & defæcatioris mansionis loco à creatore donatus, in statu tentandæ obedientiæ, fidei & amoris erga Creatorem non perstitit, sed mentem soli Deo dicatam, & purissimæ ejus naturæ delectamentis satiandam, suadente invido Satana (quem, licet è dominio subjecti passivi dejectum & tenebrarum, ceu malitiæ spiritualis vinculis constrictum, asserente scriptura, dixerimus, propterea tamen loci carcere inclusum & detrusum ne putemus, nec ei ademtam moralem & spiritualem malitiæ communicationem) in creaturas inferiores convertit, nec hîc inveniens pabulum desiderio & suæ activitatis fundo adæquatum, se nudum & undiquaque egentem deprehendit, inque turbam affectuum pessimorum incidit, quâ simul subjectam menti animam corripuit, ac, per hanc irritatam, maledictionem novam, & principiorum passivorum dyscrasiam, in subjecta corpora invexit, nunc eò faciliorem, quia conclusa in hoc systemate prioris

male-

maledictionis femina progressum, suppeditato fomite, accelerare poterant. Miseratus verò Conditor vicem seducti noluit eum prorsùs deturbare loco, & cum lucifero in cruciatus affectuum in se ipsos agitatorum & reflectorum conjicere; sed erexit in spiritu mentis, vocando & invitando ad cibum Deitatis amissum, desiderium & fidei famem, eique in Christo viam aperuit, novæ creaturæ domicilio, ex purissima æternæ naturæ essentia collecto, rursùs vestiri, inque hac nova, lucente, & divinæ naturæ domo, contra omnes peccatorum insultus certamen legitimum absolvere, & tandem, post mortem, ipsam animam in contubernium perennis hujus felicitatis secum evehere, quæ Salvator & ejus discipuli verbis emphaticis ubivis insinuant; at animæ concessit in suo corpore fluxa principiorum passivorum oblectamenta. Sed, ne spiritus de novo se manciparet connubio terreno, expulit eum ex loco terræ beatiori, inductaque ulteriùs in alimenta & elementa maledictarum coagulationum fœcunditate, ex perturbatis agentibus ceu viventibus naturali vinculo emergente, mors tandem, seu recessio animæ ex inhabili & deturpato domicilio supervenit, maximum spiritui & menti, ad quærendum cibum solidum & duraturum, incitamentum, & hinc non tam pœna, quàm remedium lapsûs, quô quasi vi spiritus perennis, & ex se, ut & ex creaturis inferioribus, nunquam beatus, adigitur ad desistendum à caducis, & ad quærenda ea, quæ post mortem manent præsentia. Corpus tùm, seu materia passiva, igni & solis radiis resol-

resolvenda, & aliis agentibus in suam activitatis sphæram rapienda & determinanda conceditur. Sic unius corporis corruptio est alterius generatio, & volvitur jam ab agentibus spiritualibus iners corruptorum elementorum materia, modo elevanda & depuranda, modò ulteriùs inficienda, pro indole & affectu agentis, donec in consummatione rerum, affuso ignis diluvio, maledicta coagulatio omninò resolvenda, & absorbenda veniat: quòd negotium vel unus sol in propiùs sibi admota globorum opacorum convexa facili labore confecerit, cùm in omnibus inveniat latentis & conclusi ignis semina, eousque suffectura concremando, donec vel omnia intimè dissoluta in circulum ignis fluidum rapiantur & occultentur, vel in fixa & homogenea diaphanitate pulchritudinem primævam ostendant. Ita declarat Christus, omnis maledictionis à Deo datus aboliter, ita ostendit Propheta Apocalypticus naturæ restauratæ faciem, liberam ab aqua & opaco terreo inerti, principiis non sic creatis, sed ex luce & urente igneo in lapsu productis; ita demùm suadet sana ratio & experientia chymica, qua phlegma, & opacum terreum iners, virium congenitarum cujusvis corporis deprehenduntur impedimenta, & nullius efficaciæ, nisi quòd vehiculi loco esse possint, & actum nimium quandoque sistere in officina fragili & variis confusionibus obnoxia; & qua experientia etiam, ignis & admistorum igneorum vi, ipsa opaca coagulatio resoluta in diaphanum mixtum abit, quin ipsum phlegma iners in concretum transparens reducitur: evidente saltem indicio, non esse absona & impossibilia in se, quæ Religio Christiana de lapsu & restauratione creaturarum suggerit; cùm in utroque nil novæ producatur essentiæ, sed ordo saltem connexionis vel turbetur vel restauretur ab agentibus libertate & potestate limitata & illimitata præditis, suo genio libro, vel creatoris jussui obsecundantibus; qua libertate si creatura omnis destituta fuisset, nunquam innotuisset inter creaturas Creatoris summi potentia, sapientia, amor & justitia, atque ita ipse Deus frustratus fuisset Creationis fine ultimo, qui erat, in creaturis amore multiplicato sui ipsius contemplari imaginem, & se simul creaturæ, pro capacitatis modulo, in omnibus cognoscendum & amandum dare, ubi sanè omnis dependentiæ, amoris, bonitatis, & obedientiæ debitæ sensus desinit, si spiritui viventi non liberum est exercitium, sua desideria huic vel illi objecto affigere, & experiri, quid inter creaturam & Creatorem intersit, & quanto intervallo distet utriusque beatitudo. Sic ex libertate, se huic vel illi objecto applicandi, spiritus ad imaginem Dei conditus invenit; Creatorem *solum summum esse bonum, quod omnibus dat & à nullo accipit,* & hinc descensus desiderii ad bonum caducum & exile, in statu tentationis & penuriæ divini cibi constituto, labenti excusabilis non est: vilipendit enim optimum, quod ut tale jam degustaverat, & abjecit fidem & spem in patrem omnium, ex quo non nisi bona promanasse hactenùs cognovit; è contrario fiducia & amore amplectitur creaturam, micam

quasi

quasi divinæ bonitatis, & ex se undiquaque egentem & debilem, nisi continuo succursu foveatur, ipsoque labente multo viliorem, in debilis & coarctatæ vitæ circulo, & hinc prorsus indignam, quæ sit illius Deus, quem Dominum integri orbis Creator constituerat, & cui concesserat vitæ quasi infinitæ fundum, mentem augustam, solo Deo & ejus beatitudinis thesauris satiabilem.

6. Ex hoc motûs systemate aperta, puto, panditur via inveniendi rationes phænomenorum naturalium pariter, ac plerorumque fidei articulorum, qui aliàs sudes fuerunt in oculis sapientum hujus sæculi; iterque prostat expeditum inter *Scyllam* & *Charybdin* navigaturis: nec enim in explicanda serie causarum opus amplius erit, jejuni Mechanismi malè cohærentes nectere figuras & particulas, nec, ad principium motûs inveniendum, delabi in *Spinosæ* modificationes horrendas unius numero principii vitalis, naturæ, vel Dei nomine illi expressi. Hic nimirum malè seriatus Philosophus, maximo conatu & imaginationis distorto acumine maximas nugas agens, & continuato tramite contradictoria contradictoriis nectens, in confusionis stupendæ insaniam prolapsus est, ex detecta principiorum mechanicorum absurditate, & ex collectis disputationum theologicarum spinis, de absoluto Creatoris decreto, & agendi creaturarum facultate spirituali à movente omnium primo immediatè directa, & captivata, ut & ex asserta impossibili hypothesi: *Creationem potuisse fieri ex nihilo, & res creatas in nihilum rursùs*

posse resolvi, cui ſtatuminandæ afferebantur rationes ipſo nihilo magis vacuæ & incomprehenſibiles: has, inquam, nugas & credenda inania alto ſupercilio diſpiciens & deſpiciens, & ſuæ gentis Philoſophorum antiquis principiis Cabaliſticis, malè tamen intellectis, imbutus, proceſſit in ſcenam, aſſerens: Dei actiones non eſſe liberas, agere & egiſſe ex naturæ ſuæ legibus, nec unquam tempus interceſſiſſe, quo aliter egerit, ac nunc agit, neque futurum, quo aliter acturus ſit. Ac, ut præſcinderet intricatas de Dei decretis quæſtiones, omnes res creatas dixit modes unius principii activi modificantis, nec eſſe aliter poſſe ac ſunt; non *per decretum* ſapienter & liberè agentis, ſed per naturæ univerſalis fixas & ſtatas leges & eſſentiam ipſam moventis primi; & ſanè, huc prolabi prædeſtinatorem, facilè erat: vix enim ſapientem & bonum eum dixeris, qui ipſe fabricat & movet, quæ ſibi nauſeæ & odio ſunt; & punit, legibuſque conſtringit, quorum aliter agendi, ac agunt, nullo eſt poteſtas. Sed cùm demens ebrio videret, totam naturam reclamare huic opinioni, & non ita implicari brutis ſuæ eſſentiæ legibus, quin leges & ſapientia ipſorum hominum eam poſſint conſtringere, & ejus agendi impetum moraliter & phyſicè determinare, ſui ipſius prorſus oblitus, duplicem hominis comminiſcitur ſtatum, utrinque contradictorium: alterum *naturalem,* in quo feratur naturæ legibus fatalibus; alterum *civilem,* in quo naturæ impetus per introductas & acceptas religiones & electitias leges ſuſpendatur, & aliter determinetur:

nec

nec vidit occœcatum ingenium, ipsam ita naturam modificantem, & primum illud movens, quod ex brutis suæ naturæ legibus agere asserebat, in motu suo impediri, & quidem à modis ipsis, naturæ universalis umbris, qui modi sapientia, bonitate, astu & vi ultra modificantis & primi agentis sphæram longè ascendunt; & simul ostendunt, per novam contractionem, posse esse aliquid in modo, & in creaturis determinatis, quod non sit in modificante primo: nimirum sapientiam, consilium, & se determinandi ex rei indigentia potestatem liberam: homo hinc sapiens, bonus, justus, verax, modus est, fugax & scenica imago Dei, ceu naturæ non sapientis; est, inquam, *modus*, nullius propriæ subsistentiæ & essentiæ, nec tamen hæc attributa primo moventi competent, cujus est modus: affectiones nimirum spirituales, vitales, sensitivæ & nulli mathematico extenso competibiles erunt sine subjecto reali in rerum natura, justitia sine ente justo, sapientia sine substantia sapiente, bonitas sine bono se ipsum ex amore communicante, & ipsa stulta hæc Philosophia sine *Spinosa Philosopho*, qui cùm sit, ex hypothesi, non peculiaris substantia activitate propria & vita perenni & individua donata, sed umbra ludentis moventis primi, quod movens primum, ex altera hypothesi, non est sapiens, & speculationibus ratiocinationis subjectum, consectarium est, in nihilo hærere Philosophiam, vel ipsum Philosophum omnium esse insanientium Coryphæum, si de veritate hujus delirii persuasus fuit; aut omnium malignorum

pessi-

pessimum, si destinato consilio, ad deturpandas hominum mentes, spinosas & ludicras contradictionum tricas *cæcutientibus & vertigine correptis* objecerit, quibus tales prorsus ex statu hominis sani dejicerentur: nam oculatos & usquequaque sapientes hæc opinionem contradictoriarum portenta nunquam tangent; nec possibile est, quenquam harum cupediarum gustu demulceri, nisi qui, repulsis sanæ rationes dictaminibus, decrevit, pravis naturæ & vitiosorum habituum insultibus auscultare, & hinc sibi aptas leges ponere, non quas veras esse convictus est, sed quæ electum jam vitæ genus tutum & optimum declarant.

Habes hic, candide lector, quæ in re ardua, nec adeò obvia, ex animi candore & proximo inserviendi studio congerere jam visum fuit. Nisi iniquus fueris censor, fateberis tecum, nec absurda nec impia esse, quæ fortè plurimis paradoxa & nova videbuntur; ac firmo rationum filo totum systema ita sibi cohærere, ut subversuro multò majus onus aggrediendum præsternatur, quàm quod sana ratio invenit, in displodendis *Mechanismi & Spinosismi* indigestis & ludicris plerumque tricis, imò quisquiliis. Fateor, quædam problematicè & verisimiliter ad complendum totius nexum esse inserta, quorum ratio à priore rigido vitilitigatori vix reddi poterit, (quis enim in hac rerum & scientiæ nostræ caligine eousque penetrabit, ut non plùs ignorantia tectum, quàm acumine mentis erutum deprehendatur?) esse etiam quædam, quæ destinata nobis brevitas non permisit, specialiùs per experimenmenta explanare; sed vertiginosum & contradictorium sibi me nemo, ceu spero, inveniet, & plurima ita evicta & declarata sentiet, ut, ordine suo inserta obscuriora pauca vix aliter esse posse, ex combinationis ratione facillimè persuasus fuerit. Si fortè quibusdam incongrua juvenilibus annis videatur libertas & styli acrimonia, quâ perversæ sapientiæ antistites, viros eruditos & spectabiles, perstrinximus, eorumque ludicris placitis, quasi triumphum agentes, insultavimus, suo abundet, me permittente, sensu; nec enim operosi erimus in amolienda labe, & culpa personali, qui fragilitatis nostræ conscii nihil humanum à nobis alienum putamus, nec aliorum judiciis severioribus dicam scribemus, si, se rationum momentis duci, credant. Rei tamen substratæ indignitas, & hypotheses tàm impietatis, quàm dementiæ aperta satis inventa, excusabunt aliquatenùs animi in bonum publicum propensi affectus pro bono concitatiores, videntis, non tantùm religionis veræ fundamenta, sed & societatis civilis honesta vincula, & philosophiæ naturalis, cui Medicina unicè innititur, axiomata indubitata, adeò prostitui & enervari, ut, tandem sub malitiæ & stultitiæ tyrannico imperio, quicquid boni & veri adhuc superest, animam agere, verendum sit. Occurrimus hinc ex conscientiæ & notitiæ concessæ dictamine tanto malo, non solùm evidentibus argumentis rationi sanæ satisfaciendo; sed & sensibili aliquatenùs scriptionis genere nostri temporis ingenia bona, his ineptiis implicita, vel ad eas amplectendas prona, pudefaciendo

& res

& retrahendo, nec spe destituimur capessendi alicujus fructus ex locata opera. Quo indutus animo, & qua ductus intentione si contra nos insurrexerit antagonista, eadem libertate nostra pererrare & perstringere, ei integrum erit, nec unquam gravabimur, meliora edocenti, & salse etiam monenti obtemperare, si rationibus & experientia instructus erudiat, non verò coeco impetu, & fragili antecessorum auctoritate terreat, & imperet. Si verò cuidam irritato, & in sua supellectile, per nos turbata, confuso volupe sit, vindictæ & impotentis animi retorquere fulmina, vel avulsa ex totius serie quædam sugillare, & ceu paradoxa & heteredoxa coram sui similibus deridenda exponere, non tacto integri systematis nexu, neque vindicato ab indicatis contradictionibus & absurditatibus suæ philosophiæ complexu; sciat in antecessum, nos fore piscibus magis mutos, & cuivis plenariam concessuros licentiam se ipsum defatigandi, & ulteriùs denudandi; nec enim tali armorum strepitu unquam veritas aliquid perpessa est, sed potiùs clarior emicuit, &, excitatis subinde inquisitoribus talium paradoxorum novis, suis aucta est assedis. *Faxit Deus, cui nos ipsos, & nostra debemus qualiacunque dona bona, ut cedant omnia in sui nominis gloriam, & proximi emolumentum!*

FINIS.

Hyp

Hypotheses explanatoriæ.

1.

Extensio non est attributum essentiale, sed accessorium, materiæ, ceu principii passivi.

2. Atomi, ceu corpora insecabilia discreta, non sunt, nec esse possunt.

3. Divisibilitas materiæ physica ex accidente est. Et qui, in infinitum eam dividi physicè posse, asserunt, infinitè potiùs absurdi esse malunt, quàm sibi ipsis cogitando satisfacere. Nec à divisibilitate metaphysica, ceu mathematica numerorum in infinitum, ceu videtur, extensa argumentum validum datur, ad evincendum quæsitum; nisi forte, ex multiplicationis mathematicæ & numericæ infinitæ possibilitate, quam tibi fingis, extensum aggregatum & locale simul infinitum termino te posse assequi, confidas. Abstractionum mentalium sanè possibilitas non infert rerum possibilitatem, si ex causæ primæ beneplacito ea dependeat, ceu dependere certum est; & numeri cum figuris, quibus disponendis Mathesis luxuriat, res existentes sequuntur, nunquam constituunt. Nec Deus ad inania numeri mysteria Pythagoræorum conceptas in creatione Ideas disposuit, vel ea produxit, quæ nobis videntur possibilia.

4. Locô, ceu essentiæ certis terminis, & activitatis sphærâ, circumscribuntur quælibet creata, tam spiritualia viventia & indivisibilia activa, quàm extensa & compacta passiva.

5. Ex quo materia facta est physicè divisibilis, firmas & statas particularum componentium figuras

ras non habet, nec unquam antea habuit; fed ac quamvis fufcipiendam figuram femper apta eft, & indifferens: & figuræ fequuntur genium principii activi moventis figurantis, & compingentis.

6. Incorruptibilem, ceu indivifibilem per partes componentes, animari ab agente creato materiam, non repugnat, nec omne quod trina dimenfione definitur, ideò phyficè in partes divifibile ceu corruptibile eft, quandiu activum compingens fuo muneri vacat, nec per affectus inordinatos diftrahitur.

7. Non creavit Deus ter optimus maximus, nec creare potuit (nifi potiùs deftruxiffe & corrupiffe dicendus fit;) particulas in corporum elementa & principia componentia deftinatas; fed cuilibet agentium & fpirituum creatorum addixit integram, & incorruptibilem, ex fe, æternæ naturæ contractam portionem, definitam fphærâ activitatis vitæ creatæ. Nec unquam vita principium paffivum fibi creditum deferuiffet, & morti, ceu refolutioni expofuiffet, nifi error & lapfus utrumque confufione inextricabili implicuiffet, & divifibilitatem corruptivam materiæ induxiffet.

8. Et fic, corruptibile & phyficè divifibile rurfus induere poffe incorruptibilitatem, & fixam homogeneitatem, tam rationi fanæ, quàm afferenti Salvatori & Apoftolo confentaneum eft: non enim reftitutio eorum in integrum impoffibilis erit, quorum depravatio & corruptio poffibilis fuit. Et contraria, imò contradictoria, in eodem fubjecto per vices vera effe poffe, difputatorum nemo hactenus inficias ire conatus eft. *Sup-*

Supplementum ad Paragraph. 6. & 7. Capitis Secundi.

Ut adimfatur contradicturis fubſtrato à nobis fundamento generali, ad inveniendam morborum genefin, occafio fe ipfos & alios inani prætextu fufpendendi, difcutiemus brevi quædam paroramata, nobis oretenùs, &, ni fallor in intentione hariolanda auctoris, etiam fcripto publico oppofita; ut veritas afferta, & indubitatis experimentis innixa, in commodum medicantium & ægrotorum eò minus involuta compareat, & proniores nancifcatur affeclas. Succum, *primò*, pancreaticum, & glandularum omnium, præ omnibus officinæ animalis humoribus acidum effe, negare fe poffe putant; *quia deguſtatus linguæ faporem acidum non imprimit.* Sed fallaci omninò indicio, cùm acidum acerrimum fub vifcido lentore terreo, vel fub oleofis involucris occultatum infipidum fiat: fic fulphur minerale, vel etiam acidum vitrioli, addito oleo inflammabili, in fulphur minerale rursùs reductum, acidum fuum abundantiffimum linguæ non communicat, & abftractum fortiter à terreis abforbentibus, amiffo fapore idipfum recondit; fed an ideò, acidum in his non prædominare, aliquis dixerit? Sic occultatum in lentore vifcido lymphæ glandularum acidum non linguâ tentandum; fed vel diftillatione, vel putrefactione digeftiva, quâ vincula vifcida fundum petunt, eliciendum, & tùm linguæ demùm experturæ conftabit rei veritas,

ritas, & experimenta hæc cuivis obvia esse possunt ex saliva, quam glandularum succum esse, omnibus constat; exceptam tamen velim salivam scorbuticorum, in quibus acidum à sale lixivioso & muriatico absorptum deprehendetur, nec per fermentationis putrefactivæ subsidium in conspectum prodibit. Eadem levitate sentiendi putant, *secundò,* bilem & succum pancreaticum alcali & acidi connubium non constituere, *quia non agunt in se invicem cum visibili efferverscentia & ebullitione, quæ communis est salibus alcalinis & acidis sibi commixtis:* nam hanc turbam, comodô maximô naturæ, impedit oleositas bilis & mucor tenax succi glandularum; separatis verò per destillationem oleosis & terreis vinculis, ordinaria alcalinorum & acidorum phænomena præstò erunt. Interim bilis integra compages acido commissa, licet non sensibiliter ebulliat, destruitur tamen, & in mucorem abit albicantem, non ampliùs amarum, sed subdulcem: quô experimento videtur inniti nunquam satis laudatus noster *Hippocrates,* dum *Libr. de Diæta in acutis,* asserit, *ea de causa acetum biliosis magis, quàm melancholicis conferre, quia amara dissolvantur & in pituitam vertantur, at succus melancholicus ulteriùs fermentetur, sublimetur & multiplicetur, per acidum.* Ac nisi consultò errones agere, & præconceptis imbuti cerebelli inania phantasmata rerum gravissimarum experimentis præferre statutum maneat, ipsius chyli color albicans, & sapor dulcis confusionem dictorum liquorum contrariorum apodicticè

evin-

CPSIA information can be obtained
at www.ICGtesting.com
Printed in the USA
LVOW04*2349060716
495403LV00010B/75/P